So geht ₿itcoin

₿itcoin verändert unser Geldsystem, so wie das Internet unseren Zugang zu Informationen verändert hat.

Werde ein Teil dieser einmaligen revolutionären Bewegung!

Disclaimer

Bitte beachte, dass es sich bei den Inhalten in diesem Buch nicht um eine Anlageberatung oder um Investitionsempfehlungen handelt. Wir sind von Kryptowährungen überzeugt und hoffen, Dich davon auch überzeugen zu können, jedoch solltest Du Dir darüber im Klaren sein, dass es keine Erfolgsgarantien in der Krypto-Welt gibt und falsche Entscheidungen sogar zum Totalverlust führen können.

Du solltest zuerst verstehen, wie Kryptowährungen funktionieren, und abwägen können, ob Du es Dir leisten kannst, ein damit einhergehendes Risiko einzugehen. Durch die Investition in Bitcoin kannst Du Geld verlieren. Anlageerfolge in der Vergangenheit garantieren keine Erfolge in der Zukunft.

Wir übernehmen keine Haftung für Deine Aktivitäten in der Krypto-Welt und wollen Dich mit diesem Buch lediglich auf den aktuellen Wissensstand bringen und Dir ein gutes Wissensfundament ermöglichen.

Bibliografische Information der Deutschen Nationalbibliothek
Die Deutsche Nationalbibliothek verzeichnet diese Publikation in der Deutschen Nationalbibliografie. Detaillierte bibliografische Daten sind im Internet über http://dnb.d-nb.de abrufbar.

Für Fragen, Kritik und Anregungen: DeFi@reading.capital

1. Auflage Juli 2021
ISBN Print: 978-3-9821579-2-4

Original-Cover und Layout: Anna Tan
Übersetzung: Marco Gries
Lektorat: Mudjda Gries
Satz und Design: Bernat Bofilles
Verlag und Vertrieb: Reading.Capital VerlagsUG

Die englische Originalausgabe erschien unter
ISBN: 979-8715113559 unter dem Titel ***How To Bitcoin***
In Zusammenarbeit mit teaspoonpublishing.com.my

Inhalt

VORWORT

Willkommen zum zweiten Buch von CoinGecko, ***So geht Bitcoin!***

Wir haben so viel positives Feedback auf unser erstes Buch, ***So geht DeFi***, erhalten, dass wir beschlossen haben, dieses hier noch zusätzlich zu schreiben!

Bitcoin war die erste Kryptowährung, mit der wir unsere Reise begonnen haben. Unser Verständnis von Bitcoin hat uns viele Möglichkeiten eröffnet und wir hoffen, dass wir auf diesen Seiten unser gesammeltes Wissen mit Dir teilen können.

In ***So geht Bitcoin*** wirst Du von den transformativen Aspekten von Bitcoin erfahren und wie es auch Dir neue Möglichkeiten eröffnen kann.

Bitcoin ist nicht neu. Während wir dieses Buch hier schreiben, ist Bitcoin inzwischen schon 12 Jahre alt. Trotzdem ist es noch früh und nicht zu spät, um etwas über Bitcoin und seine Auswirkungen auf die Zukunft zu lernen. Vielleicht hast Du bereits von Bitcoin als dieses „magische Internet-Geld“ mit einem revolutionären Potenzial gehört. Wir hoffen, Dir hiervon ein besseres Verständnis zu geben und zusammenzustellen, was Bitcoin anders als nur „magisch“ und „revolutionär“ macht.

So geht Bitcoin ist für Anfänger geschrieben, mit einfachen Analogien, damit alle verstehen können, wie es funktioniert. Es gibt eine Schritt-für-Schritt-Anleitung, die Dir zeigt, wie Du Deine ersten Bitcoins kaufen und sichern kannst. Es wird eine relativ leichte Lektüre sein, wenn Du ein tieferes Verständnis von Bitcoin hast. Wenn dem so ist, würden wir uns über Deine Vorschläge zur Verbesserung dieses Buches sehr freuen.

Kapitel 1: Bitcoin und Geld

Bitcoin ist ein elektronisches Peer-to-Peer-Zahlungssystem, das zwei Parteien ermöglicht, miteinander zu handeln, ohne auf eine vertrauenswürdige dritte Partei angewiesen zu sein. Bitcoin ist eine Alternative zu unserem bisherigen traditionellen Finanzsystem, bei dem Zahlungen und sonstige finanzielle Transaktionen über etablierte Finanzinstitute abgewickelt werden müssen.

Wenn Du Bitcoin verwendest, musst Du keiner zentralisierten Organisation, wie einer Regierung, einer Bank oder einem Finanzinstitut, vertrauen. Du allein bist Deine eigene Bank! Im traditionellen Finanzsystem erfordert allein schon die Zahlung mit *PayPal*, dass Du *PayPal* als Organisation und ausführendes Organ vertrauen musst. Wenn Du irgendetwas mit Deiner *Mastercard* bezahlst, musst Du sogar nicht nur *Mastercard* selbst, sondern auch Deiner Bank und auch der Bank Deines Gegenübers sowie anderen hier angeschlossenen Zahlungsabwicklern vertrauen, dass Deine Transaktion freigegeben und richtig ausgeführt wird.

Aber auch die Verwendung von Bargeld erfordert Dein Vertrauen sowie das Vertrauen Deines Gegenübers in die Regierung, das politische System und die Zentralbank, die dieses Bargeld erstellt und ausgegeben hat. Im Zuge der Covid-19-Pandemie, hat die EZB die Geldmenge drastisch erhöht, was in Zukunft zu einem Wertverfalls des Euros führen könnte. Der indische Premierminister entschied sich z. B. dazu, die 500- und 1.000-Rupien-Scheine aus einer Laune heraus für wertlos zu erklären und setzte somit unerwartete Kursschwankungen der Währung in Kraft. Was auch immer die Staaten und deren Zentralbanken bzgl. Deiner Landeswährung entscheiden werden, Du kannst nur hoffen, dass sie die richtige Entscheidung treffen werden und musst ihnen vertrauen.

Bitcoin hingegen, ist nicht nur eine Kryptowährung, sondern gleichzeitig auch noch ein Zahlungsprotokoll. Dieses programmierte Protokoll ist ein Zahlungsnetzwerk, welches Dir ermöglicht, Transaktionen ohne Hilfe und Vertrauen in Dritte selbst zu tätigen. Die Technologie dahinter bezeichnet man als Blockchain.

Man bezeichnet Bitcoin auch als Kryptowährung, weil dieses digitale Zahlungs- und Aufbewahrungsmittel durch kryptografische Techniken online gesichert wird und somit eine Art virtuelle Währung ist.

Kapitel 1: Bitcoin und Geld

Bitcoin unterscheidet sich von den traditionellen Währungen (auch „Fiat-Währungen" genannt).

Bitcoin wird nicht von einer Regierung, einer Zentralbank oder einer sonstigen zentralisierten Organisation gesteuert oder gestützt. Es ist technisch und wird somit digital auf einem öffentlichen, dezentralen Ledger erstellt, gespeichert und verteilt, was wiederum einer strengen Vorgabe programmierter Regeln folgt.

Das ist die Philosophie, die Bitcoin hervorgebracht hat - die Fähigkeit, ein eigenes Finanzsystem auf dezentrale Weise zu erschaffen, indem jeder dem anderen aufgrund der Gleichheit vertrauen kann aber keiner dem anderen oder sogar einem Mittelsmann vertrauen muss.

Das Geld der Regierungen

Bevor wir uns in diesem Buch dem Bitcoin widmen, macht es Sinn, dass wir uns zuallererst mit dem Geld unserer Regierungen beschäftigen, welches wir alltäglich nutzen.

Für etwas, für das sich fast jeder auf dieser Erde abmüht und nach dem sich jeder sehnt, verstehen nur sehr wenige, wie Geld wirklich funktioniert, und noch weniger begreifen die Eigenheiten unseres Fiat-Geldsystems.

„Wenn die Leute das gegenwärtige Bank- und Geldsystem verstehen würden, würde es vermutlich eine Revolution noch vor morgen früh geben.“

Zitat von Henry Ford (US-amerikanischer Industrieller)

"Regierungsgeld" ist das, was als Fiat-Währung bekannt ist, oder in einfachem Englisch, "Money by Decree" (Geld per Dekret). Die Bezeichnung „Fiat-Geld“ leitet sich vom lateinischen Wort "fiat" ab, was so viel bedeutet wie "lass es geschehen". Fiat gilt als Geld, weil es von den Regierungen als gesetzliches Zahlungsmittel vorgeschrieben ist und daher unter der Kontrolle unserer Rechtsprechung als gültige Zahlungsform akzeptiert werden muss.

Das Prinzip dahinter ist immer dasselbe: Regierungen arbeiten nach einem Top-Down-Ansatz (von oben nach unten). Die Regierungsführer legen den Rahmen des Geldsystems fest und das Volk hat diesen Regeln zu folgen.

In einer idealen Welt ist ein solches Top-down-Fiat-Geldsystem gar nicht mal so schlecht. Schließlich ist nicht jeder ein Experte für Wirtschaft und Finanzen; es ist durchaus akzeptabel, einfach ein robustes Werttransfersystem zu nutzen, ohne sich um irgendetwas kümmern zu müssen, während man sich hauptsächlich um sein tägliches Leben kümmert.

Seit etwa einem Jahrhundert ist dieser Idealzustand leider nicht mehr vorhanden. Ohne hier zu sehr ins Detail zu gehen, änderten sich die Regeln für das Papiergeld, genauer gesagt dem US-Dollar, im Jahr 1913. Aus Papiergeld, welches früher „durch Gold gedeckt“ und somit abgesichert war, wurde nun ein Papiergeld, welches nur noch „durch die Regierung gedeckt“ war. Während dieser Zeit versuchte die Federal Reserve (die US-Zentralbank, auch „Fed“ genannt) zumindest noch den Wert des US-Dollars an das Gold zu binden. Das änderte sich dann aber im Jahr 1971, als die Fed beschloss, dass der US-Dollar von nun an so viel wert sein würde, wie man es bei der Fed beschließen würde. Und das bestimmt sie bis heute.

Die Finanzkrise von 2008

Die Entwicklungen der Fed und des Geldsystems bildeten das Fundament, für das was 2008 in der Finanzkrise dann geschah, als die gesamte Weltwirtschaft eine Rezession erlebte.

Die Finanzkrise im Jahr 2008 begann in den Vereinigten Staaten und zählte zu einer der schlimmsten Wirtschaftskatastrophen in der Geschichte und brachte das weltweite Finanz- und Bankensystem zum Einsturz. Viele große Finanzinstitute und Banken brachen tragisch zusammen. Zu den Verlierern gehörten z. B. *Lehman Brothers* und *Bear Stearns*.

Diese Krise entstand durch Subprime-Hypothekendarlehen, bei denen es sich - vereinfacht ausgedrückt - um vergebene Kredite an risikoreiche Kreditnehmer handelte, die sich nicht für konventionelle Kredite qualifizierten. Diese Kredite wurden dann mehrfach in komplexe Derivate umgepackt. Faule Kredite in Kombination mit weit verbreiteten betrügerischen Praktiken in verschiedenen Finanzinstituten verschlimmerten die Immobilienblase. Es entstand daraus eine tickende Zeitbombe, die schließlich in der Finanzkrise 2008 explodierte.

Der Hauptgrund, der diese Kredit- und Finanzkrise verursachte, war die leichtgläubige Annahme, dass die Zinssätze kontinuierlich niedrig bleiben und die Preise für Wohnimmobilien immer weiter steigen würden. Als sich aber dann herausstellte, dass diese Annahmen falsch waren, konnten viele der Subprime-Kreditnehmer ihre Wohnungsbaudarlehen nicht mehr zurückzahlen und mussten Privatinsolvenz anmelden. Dies wiederum verursachte einen verheerenden Welleneffekt auf die Wirtschaft. Um die Wirtschaft zu retten, rettete das US-Finanzministerium die angeblich systemrelevanten "too big to fail"-Banken.

Die Finanzkrise hat uns vor allem die Anfälligkeit unseres traditionellen Finanz- und Bankensystems verdeutlicht. Die Banken sollten in einer optimalen Welt die zentralen Vertrauensinstanzen sein, die das von uns eingezahlte Geld schützen und die Gesundheit unseres Geldsystems kontrollieren. Doch sie haben dabei immer und immer wieder kläglich versagt.

Die Geburt einer Alternative

Vor dem Hintergrund der globalen Krise wurde das sogenannte Bitcoin-Whitepaper von einer als „Satoshi Nakamoto“ bekannten Person veröffentlicht. Satoshi veröffentlichte das Bitcoin-Whitepaper am 31. Oktober 2008 auf einer auf Kryptographie fokussierten Mailingliste.

Dieses 9-seitige Whitepaper skizziert ein neues Finanzsystem mit einer neuen Kryptowährung namens Bitcoin.

Das plötzliche Auftauchen des Bitcoin-Whitepapers erschien genau zum richtigen Zeitpunkt. Verbunden mit dem wachsenden Misstrauen gegenüber dem Fiat-Finanzsystem zu dieser Zeit, wuchs Bitcoin in seiner Popularität von einem obskuren Online-Forum zu einer ernstzunehmenden finanziellen Alternative heran.

Am 3. Januar 2009 startete der erste „*Genesis Block*“ des Bitcoin-Netzwerks und erweckte damit das weltweit erste dezentrale Zahlungssystem zum Leben. Das daraus resultierende alternative Zahlungsnetzwerk ermöglichte von nun an die elektronische Übertragung von Werten über das Internet in einer Peer-to-Peer-Funktion, ohne dass eine zentrale Behörde die Transaktion überwachen musste.

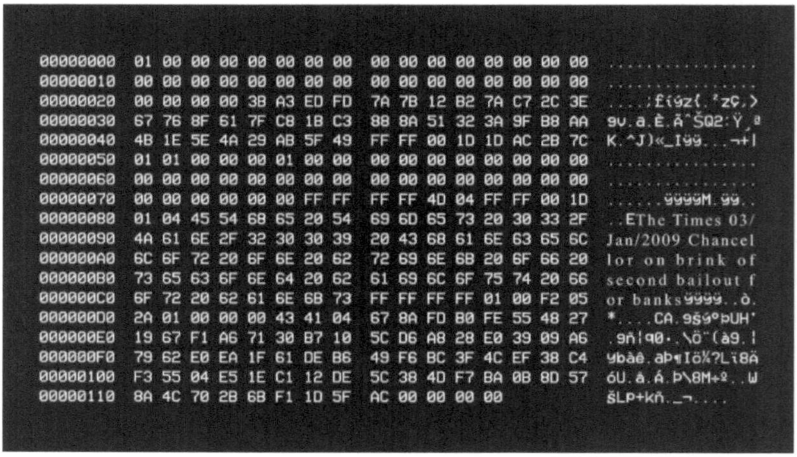

Als erster Block auf der Bitcoin-Blockchain ist der *Genesis-Block* einzigartig, da er im Vergleich zu den nachfolgenden Blöcken, die erzeugt werden, keine Referenz auf einen vorherigen Block enthält. Es scheint, dass Satoshi sich der finanziellen Misserfolge der damaligen Zeit bewusst war und die Erfindung von Bitcoin als offensichtliche Herausforderung für die Finanz- und Währungsinstitutionen verstand. Innerhalb des Genesis-Blocks hinterließ Satoshi eine Zeichenkette, die als Aufruf zum Zweck von Bitcoin gedient haben könnte, sowie einen Zeitstempel, um zu beweisen, dass Bitcoin an diesem Tag begann. Die Schlagzeile der *The Times* vom 3. Januar 2009: „Chancellor on brink of second bailout for banks“ wurde in die Bitcoin-Blockchain ebenso mit eingebracht, um für alle Ewigkeit sichtbar zu sein. Dieser Satz bezieht sich auf einen Zeitungsartikel der *Times* zur damaligen Zeit.

THE TIMES

DIEU ET MON DROIT

Max 5C, min -5C

Saturday January 3 2009 timesonline.co.uk No 69523

£1.50

Eat Out from £5

More than 900 great restaurants, including four **Gordon Ramsay** favourites from £15

Start collecting tokens today Pullout inside

Israel prepares to send tanks and troops into Gaza

Israel allowed foreigners to flee the Gaza Strip as it prepared for a ground offensive. At least 430 Palestinians were killed in a week of airstrikes News, page 3

Chancellor on brink of second bailout for banks

Billions may be needed as lending squeeze tightens

Francis Elliott Deputy Political Editor
Gary Duncan Economics Editor

Alistair Darling has been forced to consider a second bailout for banks as the lending drought worsens.

The Chancellor will decide within weeks whether to pump billions more into the economy as evidence mounts that the £37billion part-nationalisation last year has failed to keep credit flowing. Options include cash injections, offering banks cheaper state guarantees to raise money privately or buying up "toxic assets", The Times has learnt.

The Bank of England revealed yesterday that, despite intense pressure, the banks curbed lending in the final quarter of last year and plan even tighter restrictions in the coming months. Its findings will alarm the Treasury.

The Bank is expected to take yet more aggressive action this week by cutting the base rate from its current level of 2 per cent. Doing so would reduce the cost of borrowing but have little effect on the availability of loans.

Whitehall sources said that ministers planned to "keep the banks on the boil" but accepted that they need more help to restore lending levels. Formally, the Treasury plans to focus on state-backed gurantees to encourage private finance, but a number of interventions are on the table, including further injections of taxpayers' cash.

Under one option, a "bad bank" would be created to dispose of bad debts. The Treasury would take bad loans off the hands of troubled banks, perhaps swapping them for government bonds. The toxic assets, blamed for poisoning the financial system, would be parked in a state vehicle or "bad bank" that would manage them and attempt to dispose of them while "detoxifying" the mainstream banking system.

The idea would mirror the initial proposal by Henry Paulson, the US Treasury Secretary, to underpin the American banking system by buying

Continued on page 6, col 1
Leading article, page 2

99p

Pub chain cuts the price of a pint from £1.69 to 1989 levels
Business, page 47

Michael Sheen Frost, Nixon and me
Magazine

Working mums So that's how she does it
Body&Soul

Detox in style The best spas on the planet
Travel

Salmon Rushdie I Won't Marry Again
Pages 22, 23

Giant Killing? Guide to the FA Cup Third Round
Sport

Die Eigenschaften von Bitcoin

Es gibt ein paar Eigenschaften, die Bitcoin einzigartig machen. Diese sind:

1. eine eindeutig definierte Geldpolitik,

2. eine erlaubnisfreies Peer-to-Peer-System,

3. ein offenes, transparentes und dezentrale Hauptbuch,

4. Fungibilität, Dauerhaftigkeit, Tragbarkeit sowie Teilbarkeit von Bitcoin,

5. Nutzbarkeit von bitcoin als digitales Geld

Zu Punkt 1: **Eindeutig definierte Geldpolitik**

Ein entscheidendes Merkmal von bitcoin ist, dass es sich um eine dezentrale Währung handelt, im Gegensatz zu Fiat-Währungen wie dem Euro oder US-Dollar. All diese Fiat-Währungen werden von einer zentralisierten Behörde wie einer Zentralbank kontrolliert.

Zentralbanken haben die Fähigkeit, nach Belieben einfach neues Geld auszugeben. Laut der Europäischen Zentralbank sind „Zentralbanken durch ihre Fähigkeit zur Geldschöpfung vor Insolvenz geschützt und können daher auch mit negativem Eigenkapital arbeiten."

Du erinnerst Dich bestimmt noch an die zuvor erwähnte Finanzkrise in 2008. Mit Hilfe der Federal Reserve (die US-amerikanische Zentralbank) wurde das so genannte *Quantitative Easing (QE)* zur Rettung der Krise eingesetzt. Dies verdeutlicht die immense Macht und Kontrolle, die die Zentralbanken in Bezug auf die Geldpolitik haben.

Ein Hauptmerkmal von Bitcoin ist z. B. die Knappheit der Kryptowährung - es werden immer nur 21 Millionen Bitcoins im Umlauf sein. Diese Obergrenze ist endgültig und kann nicht geändert werden. Bitcoin unterscheidet sich allein schon in diesem Punkt von traditionellen Fiat-Währungen durch deren unbegrenzte Menge.

Bitcoin wird auch oft mit Gold verglichen und ist diesem insofern ähnlich, da es in den Umlauf gebracht werden muss. Im Gegensatz zu Gold, das physisch in Bergwerken abgebaut werden muss, wird Bitcoin jedoch digital abgebaut.

Aus diesem Grund wird Bitcoin oft als "digitales Gold" bezeichnet.

Für jeden erstellten Block werden neue Bitcoins als Belohnung (auch: *block rewards*) für Bitcoin-Miner ausgeschüttet. Dies werden wir Dir in den kommenden Kapiteln im Detail noch erklären. Zum Zeitpunkt des Verfassens dieses Buchs sind bereits 18,5 Millionen Bitcoins oder mehr als zwei Drittel aller Bitcoins „gemint" worden.

Zu Punkt 2: **Erlaubnisfreies Peer-to-Peer Netzwerk**

Nehmen wir an, Alice möchte an Bob 1.000 US-Dollar senden. Traditionell würde der Weg, der dazu notwendig wäre, etwa so aussehen:

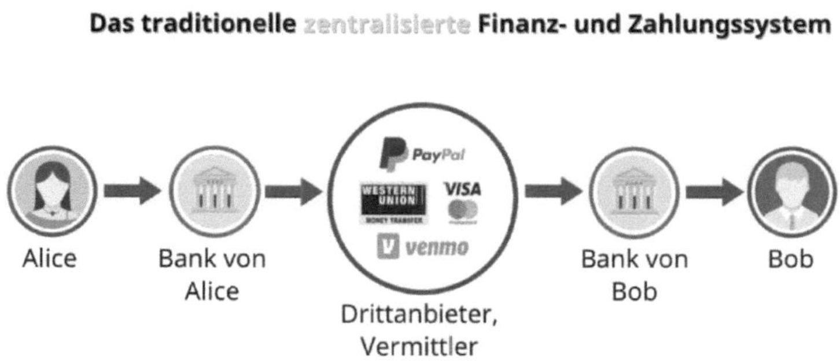

Alice müsste sich nicht nur auf die Banken von Alice und Bob verlassen, sondern auch auf eine Reihe von zwischengeschalteten Dienstleistern sowie Finanzinstituten, je nach den Anforderungen von Alices und Bobs Banken. Dieses System des Geldtransfers ist ineffizient und bürokratisch. Jedes der Unternehmen kann ebenso eine Gebühr verlangen, was die Transaktion an sich nur weiter verteuern würde. Außerdem gibt es verschiedene Geldtransfergesetze, die befolgt und überprüft werden müssen.

Sollte Alice z. B. eine US-Amerikanerin sein und Bob wäre Iraner, könnte diese Transaktion allein schon aufgrund internationaler Sanktionsgesetze niemals stattfinden. Gesetzliche Regelungen unterbinden solche Transaktionen bereits im Voraus. Selbst wenn Alice als US-Amerikanerin nun in den Iran zu Bob gereist wäre und die Transaktion vor Ort stattfinden lassen wollte, könnten

Regierungen die Transaktion ebenso willkürlich abbrechen oder das Geld sogar ganz konfiszieren. Alice hätte eigentlich so nur die Möglichkeit, die Transaktion mit Bargeld vor Ort abzuwickeln und auch hier gibt es internationale Regelungen, wie viel Bargeld ein jeder mit sich beim Verreisen antragsfrei mitnehmen darf.

Im Juli 2020 verabschiedete man z. B. in Hongkong ein Gesetz, dass es der Regierung erlaubt, Bankkonten und Vermögenswerte von Personen einzufrieren, wenn man sie als "Gefährdung der nationalen Sicherheit" eingestuft hat. Diese Bedrohung könnte als Instrument zur Unterdrückung der Meinungsfreiheit inmitten der anhaltenden politischen Unruhen eingesetzt werden.

Mit Bitcoin werden Vermittler wie Banken oder Zahlungsabwickler nicht mehr benötigt, um Transaktionen zu überwachen. Schauen wir uns das Szenario an, wenn Alice Bitcoin im Wert von 1.000 $ an Bob überweisen würde:

Mit der Hilfe des Bitcoin-Netzwerks überträgt Alice den Wert direkt an Bob, ohne Autorisierung von irgendjemandem, daher der Begriff "Peer-to-Peer". Die Beseitigung der Mittelsmänner wie einer Bank ist hierbei bedeutungsvoll, da hiermit auch viele potenzielle Probleme umgangen werden, welche mit zentralen Behörden und Dritten verbunden sind.

Indem man Dritte aus dem Werttransfer entfernt, nimmt man diesen Mittelsmännern die Möglichkeit, Autorität über unsere finanziellen Transaktionen auszuüben. *PayPal* ist z. B. dafür bekannt, dass es die Konten von Nutzern aus verschiedenen Gründen einfriert – Überzeuge dich selbst:

Die Internet-Foren sind voll von Kundenbeschwerden, denen dies bereits aus den merkwürdigsten Gründen passiert ist.

Durch Bitcoin bekommen wir die volle Kontrolle über unser eigenes Vermögen, ohne dass wir irgendwelchen Institutionen oder Dritten vertrauen müssen.

Mit dieser Kontrolle kann

- kein anderer über unser Vermögen bestimmen,
- es ohne unsere Erlaubnis einfrieren
- oder uns das Vermögen entziehen.

Die Macht geht somit an das Individuum zurück. Jeder, egal wer oder wo er ist, kann nun direkt mit einer anderen Person in den Werttransfer und die wirtschaftliche Tätigkeit einsteigen, ohne dass ein Dritter zustimmen muss.

Zu Punkt 3: **ein offenes, transparentes und dezentrales Hauptbuch**

Hinter Bitcoin steckt ein Computerprogramm, besser gesagt ein Protokoll: das Bitcoin-Protokoll. Es ist ein programmierter Code, der das Bitcoin-Netzwerk antreibt. Diese Software ist nicht lizenziert oder sonst irgendwie rechtlich geschützt – sie ist „Open-Source" – Software, die jeder frei nutzen und auch gerne weiter verbessern und verbreiten kann. Auch innerhalb des Bitcoin-Netzwerks steht es jedem frei, eigene Verbesserungen für Bitcoin vorzuschlagen und ein Teil der Community zu werden.

Das Bitcoin-Ledger (ein programmiertes Hauptbuch) ist global verteilt. Es ist dezentralisiert bzw. weltweit verteilt und keine einzelne Person wäre in der Lage, die in der Blockchain enthaltenen Daten zu verfälschen oder zu manipulieren. Jeder, der versucht, die Daten auf seiner eigenen Version des Ledgers einseitig zu manipulieren, würde sofort entdeckt werden, weil sein Ledger nicht der Version aller anderen Ledger ähnelt, welche von allen anderen im Netzwerk geführt werden.

Das bedeutet, dass niemand Bitcoin vollständig besitzt oder kontrolliert. Keine Instanz - nicht einmal Regierungen - können die Existenz von Bitcoin auslöschen.

Um Dir eine einfache Analogie zu geben, um dieses Konzept eines dezentralen Ledgers zu erklären, lass uns einen Blick auf das Spiel Monopoly werfen, das zwischen 4 Freunden gespielt wird. Anstatt während des Spiels Monopoly-Papiergeld an alle 4 Spieler zu verteilen, wird jedem Spieler ein leeres Notizbuch und ein Stift gegeben. Jeder Spieler notiert den Geldbetrag, den alle 4 Spieler bei jedem Zug während des Spiels haben.

Nach jeder Spielrunde nimmt sich dann jeder für sich etwas Zeit und überprüft die Notizbücher der anderen, um sicherzustellen, dass sie mit den Aufzeichnungen der anderen übereinstimmen. Auf diese Weise wird jeder Spieler, der versucht zu schummeln, aufgrund der Diskrepanz sofort bemerkt und leicht aus dem Spiel ausgeschlossen.

Zu Punkt 4: **Fungibilität, Beständigkeit und Teilbarkeit**

Bitcoin ist auch eine Art von Geld, das in hohem Maße fungibel, dauerhaft, tragbar und teilbar ist.

Fungibilität ist ein Konzept, bei dem Dinge gegenseitig miteinander austauschbar sind. Bitcoin ist fungibel, weil jeder Bitcoin leicht durch einen anderen Bitcoin ersetzt werden kann.

Bitcoin ist auch sehr langlebig bzw. dauerhaft, da es im Gegensatz zu Papiergeld nicht leicht durch natürliche Elemente zerstört werden kann. Solange die *Private Keys* zu Deinem Bitcoin sicher aufbewahrt werden und nicht verloren gehen, hast nur Du den Zugriff und die volle Verfügungsgewalt über Deinen Bitcoin.

Weil Bitcoin eine Form von digitalem Geld ist, ist es unglaublich portabel bzw. tragbar. So gesehen könntest du Dein gesamtes Nettovermögen überall mitnehmen. Solange Du im Besitz Deiner *Private Keys* bist, brauchst Du nichts anderes. Dies ist vor allem für Menschen wichtig, die in Ländern ohne ein stabiles politisches System leben. Mit Bitcoin könnten diese Menschen ihre Koffer packen und in ein besseres Land ziehen und trotzdem ihr Vermögen behalten.

Bitcoin ist auch auf 8 Dezimalstellen teilbar. Die kleinste Einheit für Bitcoin ist **0,00000001 BTC**, auch bekannt als „Satoshi“.

Dieser *Satoshi* wurde als Hommage an den Schöpfer von Bitcoin, *Satoshi Nakamoto*, benannt. Dies bedeutet, dass Du nicht einen ganzen Bitcoin senden oder besitzen musst, sondern kleine Bruchteile von Bitcoin senden kannst, um für Waren und Dienstleistungen zu bezahlen.

Zu Punkt 5: **Digitales Geld**

Eine digitale Währung ist wichtig, weil es bedeutet, dass das Geld, das wir verwenden, leicht programmiert werden kann, um höchst anspruchsvolle Dinge zu tun. Unsere ganze Welt wird komplexer und digital – warum sollte dies auch nicht mit unserem Geld der Fall sein.

Antony Lewis beschrieb in einem seiner Blog-Beiträge, dass Geld auf unterschiedlichen Bankkonten nicht wirklich programmierbar ist, weil das Geld in jeder Bank technisch anders dargestellt wird. US-Dollars in der Citibank und JP Morgan haben unterschiedliche rechtliche Vereinbarungen und haben unterschiedliche Logik und Einschränkungen. Dasselbe trifft auf die technische Verwaltung von heimischen Sparkassen wie auch andere deutsche Banken zu.

Das Problem ist, dass es kein einheitliches Hauptbuch gibt, dass auf das Geld auf den verschiedenen Bankkonten verweist und da jede Bank mit einem eigenen System arbeitet, macht es das schwer, Geld auch nur ansatzweise zu programmieren und erst recht nicht so, dass es konkreten Regeln folgen müsste.

Beim Bitcoin-Netzwerk gibt es das Bitcoin-Ledger, in dem Programmierer gewisse Regeln zur Programmierung von Treuhand, Notaren, Auszahlungen und Dividenden festlegen können. Dieses Konzept des universellen Bargelds wird immer wichtiger werden, wenn wir uns in Zukunft in Richtung *Machine-to-Machine*-Zahlungen bewegen.

Bitcoin im Vergleich zu Gold und Fiat-Währungen

Bitcoin wurde und wird oft mit Gold und Fiat-Währungen wie dem Euro oder dem US-Dollar verglichen. Es gibt mehrere Gemeinsamkeiten und Unterschiede zwischen diesen verschiedenen Formen von Anlageklassen.

Die folgende Tabelle bietet eine Zusammenfassung der verschiedenen Eigenschaften von Bitcoin im Vergleich zu Gold und Fiat-Währungen:

Eigenschaften des Gelds	Gold	Fiat Währungen	Bitcoin
Fungibel (austauschbar)	Ja	Ja	Ja
Transportierbarkeit	Eingeschränkt möglich	Einfach	Einfach
Haltbarkeit	Hoch	Bei Bargeld nur eingeschränkt haltbar	Hoch
Fälschungssicherheit	Nein	Nein	Ja
Transaktionsfreundlich	Eher nicht	Ja	Ja
Knappheit	Vermutlich ja aber ungewiss	Nein	Ja
Beeinflussbarkeit von Regierungen	Gering	Hoch	Gering
Dezentralisierung	Gering	Gering	Hoch
Programmierbarkeit	Nein	Unwahrscheinlich	Hoch

Konkrete Anwendungsfälle für Bitcoin

Mit all den beschriebenen Eigenschaften von bitcoin, die wirklich tiefgreifend vorteilhaft gegenüber dem traditionellen Finanzsystem sind, bleibt nun die große Frage: Warum ersetzt bitcoin nicht das Fiat-Geld einfach?

Werfen wir einen Blick darauf, wie sich bitcoin mit den 3 klassischen Funktionen von Geld misst:

1. ein Tauschmittel (**Medium of Exchange**)
2. ein Wertspeicher (**Store of Value**)
3. eine Recheneinheit (**Unit of Account**)

Tauschmittel

Als Tauschmittel erfüllt Bitcoin diese Funktion des Geldes, da Zahlungen jederzeit in einer Peer-to-Peer-Form ohne eine dritte Partei durchgeführt werden können. Niemand muss deine Transaktion genehmigen oder die Möglichkeit haben, dich davon abzuhalten, deine Transaktion durchzuführen.

Abgesehen davon hat Bitcoin jedoch keine weitreichende globale Akzeptanz erreicht und wird daher nicht als geeignetes globales Tauschmittel verwendet. Bitcoin ist jedoch in der Gemeinschaft seiner Anhänger weit verbreitet und wird dort als geeignetes Tauschmittel verwendet. Tatsächlich bevorzugen es viele in der Bitcoin-Community, lieber in Bitcoin bezahlt zu werden.

Inzwischen gibt es jedoch bereits Zahlungsanbieter, die sich auf Zahlungen mit Bitcoin spezialisiert haben und somit die globale Akzeptanz steigern. Ebenso bieten inzwischen auch immer mehr Kryptowährungsbörsen den Service von Prepaid-Kreditkarten an, mit denen Du bequem mit Bitcoin bezahlen kannst, während die Zahlung für den Händler nach dem Kauf direkt in seine gewünschte Fiat-Währung umgewandelt wird.

In weniger stabilen Volkswirtschaften sehen wir, dass Bitcoin als Alternative zu Fiat-Währungen für Zahlungen häufig verwendet wird. Dies kann auf makroökonomisches Missmanagement wie hohe Inflation und die Abwertung der Fiat-Währung zurückzuführen sein.

Wertspeicher

Bitcoin ist eine äußerst volatile Anlageklasse. Der Preis hat sich vom Cent-Bereich in den Anfangstagen bis zu 20.000 US-Dollar während seines Höhepunkts Anfang 2018 entwickelt und steuert nun bereits die 100.000 US-Dollar-Marke an (Stand März 2021).

Als Wertspeicher scheint der Bitcoin dennoch einen ziemlich schlechten Job bei der Aufrechterhaltung der Preisstabilität zu machen, zumindest wenn man es kurzfristig betrachtet. Je nachdem, wann Du Bitcoin gekauft hast, kann es kurzfristig aufgrund der volatilen Natur von Bitcoin den Wert einigermaßen gut speichern oder aber auch nicht.

Langfristig ist Bitcoin jedoch ein hervorragender Wertspeicher im Vergleich zu Fiat-Währungen. Ähnlich wie bei Gold wird Bitcoin aufgrund seiner Knappheit und seines endlichen Angebots als exzellentes langfristiges Wertaufbewahrungsmittel angesehen. Diese Knappheit führte dazu, dass Bitcoin oft als "digitales Gold" bezeichnet wird.

Während Gold seit Tausenden von Jahren als sicherer Hafen identifiziert wurde, wurde Bitcoin erst vor kurzem als sicherer Vermögenswert angesehen.

Unsere Fiat-Währung wird ständig jedes Jahr weniger wert, weil immer mehr davon gedruckt und in den Umlauf gebracht wird. Unter Verwendung eines Inflationsrechners mit den Daten des US-Verbraucherpreisindexes würde ein Gegenstand, der im Jahr 2000 für 1 US-Dollar gekauft wurde, im Jahr 2020 nun 1,51 US-Dollar kosten. Das bedeutet, dass der Wert des US-Dollars allein in den letzten 20 Jahren um 51% abgewertet wurde. Mit dem Euro sieht es übrigens ebenfalls nicht viel besser aus.

In Ländern mit einer instabilen Wirtschaft wie Venezuela, Simbabwe und Argentinien haben die Einwohner ihre lebenslangen Ersparnisse aufgrund von Hyperinflation als Folge des Missmanagements der Geldpolitik des Landes verloren. Viele Menschen haben keine andere Möglichkeit, ihren Reichtum zu bewahren und viele haben darauf zurückgegriffen, Bitcoin nun als Wertaufbewahrungsmittel zu verwenden, um sich gegen ihre erodierende lokale Währung abzusichern.

Ein sicherer Hafen für problematische Länder

In der Krise-befindliche Länder wie Venezuela, Simbabwe und Argentinien leiden unter einer der schlimmsten Wirtschaftskatastrophen der Neuzeit. Ihre politische Instabilität und verzerrte Geldpolitik verursachten eine extreme Hyperinflation und haben den Wert ihrer heimischen Fiat-Währungen praktisch auf null reduziert. Zum Beispiel betrug die Inflation in Venezuela im Jahr 2018 unglaubliche 65.374,08%%.

Bitcoin ist in diesen Ländern für die Bewohner nun besonders relevant geworden, um sich gegen ihre schnell abwertende Fiat-Währung abzusichern. Infolgedessen ist die Akzeptanz von Kryptowährungen in Venezuela sprunghaft angestiegen und rangiert bereits auf Platz 3 des Global *Crypto Adoption Index* von *Chainalysis* im Jahr 2020.

Recheneinheit

Als Recheneinheit schneidet der Bitcoin aufgrund seiner volatilen Natur im Vergleich zu Fiat-Währungen nicht unbedingt gut ab. Da der Preis von Bitcoin ständig schwankt, ist der reale wirtschaftliche Wert von Waren und Dienstleistungen schwer zu bestimmen, zu messen und zu vergleichen. Dies macht es äußerst schwierig, den Preis von Artikeln in Bitcoin zu bestimmen.

Einzelhändler, die Bitcoin als Zahlungsmittel akzeptieren, setzen ihre Preise nicht mit einem festen Bitcoin-Kurs fest. Stattdessen werden die Preise für die Artikel in Fiat-Währung angegeben und dürfen dann ständig mit der Preisbewegung des Bitcoins schwanken. Daher fungiert der Bitcoin als Vermittler zwischen der Fiat-Währung und den Gegenständen, die ausgetauscht werden.

Wir haben noch nicht das Stadium erreicht, in dem die Preisvolatilität von Bitcoin abnimmt und die Menschen Waren und Dienstleistungen in Form von bitcoin bezeichnen können. Einige Leute haben spekuliert, dass die Volatilität mit zunehmender Reife von Bitcoin abnehmen wird, aber wir haben noch nicht gesehen, wie sich dieses Narrativ auswirkt.

Bitcoin ist bis auf die achte Dezimalstelle teilbar, bis hinunter zu 0,00000001 BTC, was einem Satoshi entspricht. Untersuchungen haben gezeigt, dass es einen starken Aufwärtstrend bei der Verwendung des höchsten verfügbaren Präzisionsgrades von Bitcoin (ein Satoshi) über die Jahre gibt, was darauf hindeutet, dass die Idee, dass Bitcoin eine Rechnungseinheit ist, wohl eher eine Wunschvorstellung bleiben wird.

Fun Fact!

Am 22. Mai 2010 kaufte Laszlo Hanyecz 2 Domino's-Pizzen mit 10.000 Bitcoins. Er ist bekannt als die erste Person, die eine kommerzielle Transaktion mit Bitcoin durchführte. Zum Zeitpunkt der Erscheinung dieses Buches sind die 10.000 BTC satte 130 Millionen US-Dollar wert!
Seitdem wird der 22. Mai in der Bitcoin-Community jedes Jahr als "Bitcoin Pizza Day" gefeiert.

Abschließende Gedanken

Alles in allem ist es wichtig zu erkennen, dass die Gründung von Bitcoin nicht als Ersatz für die Fiat-Währungen gedacht war, mit der man sich den täglichen Kaffee kaufen kann.

Vielmehr dient die primäre Existenz von Bitcoin dazu, ein alternatives Finanzsystem bereitzustellen, das ohne die Notwendigkeit des Vertrauens und der Abhängigkeit von dritten Finanzinstituten funktioniert. Die Einführung von Bitcoin revolutioniert die Art und Weise, wie wir Transaktionen mit einem dezentralen, Peer-to-Peer-Zahlungssystem durchführen.

Kapitel 2: Die Anatomie von Bitcoin

Nachdem Du nun den Hintergrund, die Entstehung und auch die Philosophie hinter Bitcoin verstanden hast, lass uns herausfinden, wie Bitcoin funktioniert.

Bitcoin wurde als digitales Peer-to-Peer-Cash-System entworfen, das keinen Vermittler benötigt, um eine Transaktion abzuwickeln. Indem es dezentralisiert, demokratisiert und jedem auf der Welt den Zugang zu einem einzigen erlaubnisfreien Zahlungsnetzwerk ermöglicht, stellt Bitcoin für das traditionelle Finanzsystem aber auch eine Gefahr dar, wie es das Internet für die klassischen Medien (z. B. Zeitungen und TV-Sender) bereits tut.

Um all dies zu ermöglichen, hat Satoshi ein *Distributed-Ledger-System* entworfen, bei dem jeder Teilnehmer im Netzwerk jede Transaktion im Netzwerk einsehen und verifizieren kann. Wir werden Dir in diesem Buch zeigen, wie Du als Einzelperson dies ebenfalls tun kannst, nachdem Du die notwendigen Begriffe und Konzepte von Bitcoin verstanden hast.

Das folgende Kapitel deckt die Anatomie von Bitcoin und der zugrunde liegenden Blockchain auf. Es wird einige technische Begriffe geben, die für Deinen täglichen Gebrauch vielleicht noch nicht sofort nützlich sind. Aber vergleichsweise musst Du die Funktionsweise eines Vergasers auch nicht verstehen, um Auto fahren zu können. Solltest Du doch etwas Hintergrundinfos darüber haben, könnte Dir das auf Deiner Reise aber behilflich sein.

Der Bitcoin-*Ledger*

Eine Möglichkeit, sich die Funktionsweise der Bitcoin-Blockchain vorzustellen, ist das bereits zuvor genannte Monopoly-Beispiel zu erweitern. Wir stellten uns im vorherigen Kapitel ein Monopoly-Spiel vor, das zwischen vier Freunden gespielt wird. Lass uns die Spieler in diesem Spiel Alice, Bob, Charlie und Debbie nennen.

Anstatt das übliche Monopoly-Papiergeld an alle vier Spieler zu verteilen, erhält jeder Spieler stattdessen ein leeres Notizbuch und einen Stift. Jeder Spieler notiert die Transaktionen, die von allen Spielern während des Spiels getätigt werden.

1. Um das Ganze einfach zu halten, nehmen wir folgendes an:Die Spieler beginnen an verschiedenen Stellen des Spielfelds und verfügen jeweils über 10 BTC.
2. Sie erhalten außerdem eine zufällige Auswahl an Monopoly-Grundstücken, für die sie sich gegenseitig Miete zahlen.
3. Bei jeder Runde werden die Transaktionen auf einer neuen Seite im Notizbuch festgehalten und nur ein Spieler kann in jeder Runde ein "LOS" geben, um die 50 BTC Belohnung zu erhalten.

Die an alle vier Spieler verteilten Notizbücher kann man sich als dezentrale Blockchain vorstellen, ähnlich wie die Bitcoin-Blockchain, die alle Transaktionen im Netzwerk speichert.

Der Beginn des Monopoly-Spiels

Nehmen wir an, das Spiel begann am 1. November 2020 um 8:00 Uhr morgens und die folgenden Aktionen fanden in der ersten Runde dieses Spiels statt:

1. Alice ist auf Bobs Grundstück gelandet und hat Bob 1 BTC bezahlt.
2. Bob ist auf Charlies Grundstück gelandet und hat Charlie 5 BTC gezahlt.
3. Charlie hat ein „LOS“ bestanden und 50 BTC erhalten. (Anmerkung: Wenn Charlie sein „LOS“ besteht, kann man sich das so vorstellen, als würde er eine Blockchain-Belohnung >auch „*Block-Reward*“< erhalten. Mehr dazu in der Tiefe aber später.)
4. Debbie hat gewürfelt, ist aber nicht auf einem Grundstück gelandet.

Die Runde ist beendet, nachdem alle Spieler ihre Würfel geworfen haben. Stell Dir nun vor, dass alle vier Spieler die gleichen Aufzeichnungen in ihren Notizbüchern gemacht haben und diese dann gegenseitig überprüfen, um sicherzustellen, dass sie alle die gleichen Informationen haben. Die Transaktionen werden in den Notizbüchern der Spieler so aussehen.

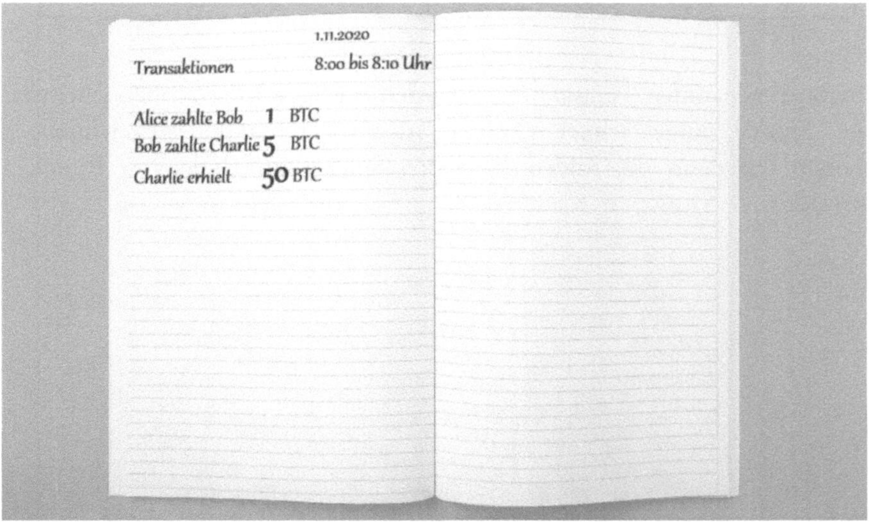

Abbildung 1 - Aufgeschriebene Transaktionen

Sobald jeder bestätigt hat, dass alle seine Transaktionen mit denen der anderen übereinstimmen, haben wir die Runde beendet. Alle Spieler haben damit einen **Konsens** über den Stand der Guthaben aller Spieler erreicht. Die allererste

Seite dieses Notizbuchs kann dabei mit dem ersten Block der Bitcoin-Blockchain verglichen werden und ähnelt diesem vom Konzept her auch.

Am Ende von Runde 1 haben wir die folgenden Aktionen gesehen:

Spieler	**Transaktion**
Alice	Auf dem Grundstück von Bob gelandet (*an Bob 1 BTC gezahlt*)
Bob	Auf dem Grundstück von Charlie gelandet (*an Charlie 5 BTC gezahlt*)
Charlie	Erhielt ein "LOS" (*und bekam die 50 BTC Block Reward ausgeschüttet*)
Debbie	Keine Transaktion!

Die oben genannten Transaktionen wurden auf Seite 1 der Notizbücher aller vier Spieler aufgezeichnet. Anhand dieser Transaktionsaufzeichnungen können wir dann die Salden für jeden Spieler am Ende von Runde 1 berechnen.

Spieler	**Konto**	**Notizen**
Alice	**10 BTC**	Anfangsguthaben
	- 1 BTC	Zahlung an Bob
	-------------	--------------------------------
	9 BTC	Endguthaben nach der ersten Runde
	-------------	--------------------------------
Bob	**10 BTC**	Anfangsguthaben
	+ 1 BTC	Erhaltene Zahlung von Alice
	- 5 BTC	Zahlung an Charlie
	-------------	--------------------------------
	6 BTC	Endguthaben nach der ersten Runde
Charlie	**10 BTC**	Anfangsguthaben
	+ 5 BTC	Erhaltene Zahlung von Bob
	+ 50 BTC	Ein "LOS" erreicht (Block Reward)
	-------------	--------------------------------
	65 BTC	Endguthaben nach der ersten Runde
Debbie	**10 BTC**	Anfangsguthaben
	10 BTC	Endguthaben nach der ersten Runde

Die Tabelle ist eine Darstellung dessen, was in Runde 1 passiert ist. Das Monopoly-Spiel kann nun weitergehen, wobei jede Seite effektiv einem Block in einer Blockchain ähnelt und die jeweiligen Transaktionsdetails enthält. Mit einer Aufzeichnung aller stattfindenden Transaktionen kann so zu jedem Zeitpunkt der Kontostand jedes Spielers abgeleitet werden.

Während das Spiel (die Blockchain) fortschreitet, werden mehr Zahlungen (Transaktionen) getätigt, und mit jeder Runde wird eine neue Seite (Block) von Spielern (Benutzern) erstellt.

Wie werden die Seiten generiert

In diesem Monopoly-Spiel ist der eine Punkt, welcher nicht erklärt wurde, wieso Charlie eine Belohnung von 50 BTC erhalten hat. Die Aktion des Umblätterns auf eine neue Seite des Notizbuchs ist mit der Aktivität des *Minings* und der Erzeugung eines neuen Blocks auf der Blockchain zu vergleichen.

Um das vollständig verstehen zu können, ist es zwingend notwendig, dass man zuerst versteht, wie genau die Blockchain funktioniert. Das mag ein wenig entmutigend klingen, jedoch haben wir hier einige Visualisierungen erstellt, die helfen werden, das Konzept im folgenden Abschnitt - so einfach wie nur möglich - zu erklären.

Verstehe die Blockchain-Struktur

Im bereits beschriebenen Monopoly-Beispiel haben wir verdeutlicht, wie Transaktionen auf einer Blockchain aufgezeichnet werden. Eine kurze Zusammenfassung:

1. Das Monopoly-Spiel simuliert die Wirtschaft, in der Menschen miteinander interagieren.
2. Das Notizbuch simuliert die Blockchain, die eine Aufzeichnung aller Transaktionen enthält. Zusätzlich hat jeder Teilnehmer eine Kopie des Notizbuchs (Blockchain).

Die Blockchain (zu Deutsch: Blockkette) heißt so, weil sie im wahrsten Sinne des Wortes eine Reihe von aneinandergereihten Blöcken ist, wobei jeder Block unterschiedliche Transaktionsdaten enthält. In diesem Abschnitt werden wir uns mit der Struktur einer Blockchain befassen, um zu veranschaulichen, wie sie funktioniert und was sie genau manipulationssicher macht.

Bevor wir uns jedoch ansehen, was in einer Blockchain vor sich geht, ist es wichtig, das Konzept einer *Hash*-Funktion zu verstehen.

In den folgenden Abschnitten werden wir uns ansehen, was eine Blockchain ausmacht, beginnend mit dem Teil der Kette, der im Wesentlichen aus *Hash*-Funktionen besteht.

Hash-Funktionen: Die Ketten einer Blockchain

Eine *Hash*-Funktion wandelt eine Eingabe in eine Ausgabe mit fester Länge aus zufälligen Buchstaben und Zahlen um. Diese Hash-Funktion wird bei exakt gleicher Eingabe die gleiche Ausgabe zurückgeben. Bitcoin verwendet den *SHA-256 Hash-Algorithmus*, der auch von der US-Regierung verwendet wird, um bestimmte sensible Informationen zu schützen.

Hashes, die durch den *SHA-256 Algorithmus* erstellt werden, sind effektiv einseitig, was bedeutet, dass Sie bei einer Eingabe (Transaktionsdaten, Blockheader usw.) eine Ausgabe (den resultierenden Hash) erzeugen können. Mit der Ausgabe (dem resultierenden Hash) wäre es jedoch nicht möglich, die ursprüngliche Eingabe zurückzurechnen. Es ist so gesehen eine Einbahnstraße für Daten.

Eine Analogie, die verwendet werden kann, um zu verstehen, wie dieses *Hashing* funktioniert, ist die mathematische Gleichung zu erraten, die eine Antwort von 100 ergibt. Einige mögliche Gleichungen, die 100 ergeben, sind zum Beispiel die folgenden:

1. 1 * 100 = 100
2. 10 * 10 = 100
3. 5 * 20 = 100
4. ... und so weiter (es ist fast unmöglich, die richtige Antwort zu ermitteln, wenn man nur die 100 als Ergebnis kennt)

Was die Hashes selbst angeht, so kann schon die kleinste Änderung zu einer völlig anderen Ausgabe führen. Ein Hash des Textes "So geht Bitcoin" mit der SHA-256-Funktion ergibt beispielsweise die folgende Ausgabe:

4415e37916066c1e0a7fc3e9782fad7f32e81172d0f937e9c6099af0094b8bbd

Wenn wir den Buchstaben i in Bitcoin in 1 ändern, wird der Text "So geht B1tcoin" dann zu einer Hash-Zahl:

635543dae7f4c9eefb03ee30384740d0de760bacc6d243da90334472c6222a0c

Wir können sehen, dass durch die Änderung auch nur eines einzigen Zeichens im Eingabetext die Ausgabe bis zur Unkenntlichkeit verändert wird. Daher sind Hash-Funktionen besonders wichtig für Blockchains, da sie dazu verwendet werden können, Informationen zusammenzufassen und sicherzustellen, dass sie nicht unbemerkt auch nur geringfügig verändert werden können.

Die Blöcke einer Blockchain

Die andere Komponente einer Blockchain ist der Block an sich, welcher sich aus zwei Komponenten zusammensetzt:

1. Der **Block-Header**: er ist die Zusammenfassung eines ganzen Blocks und enthält:
    a. einen **Hash des Headers des vorherigen Blocks**,
    b. einen **Hash aller Transaktionen des aktuellen Blocks**,
    c. einen **Timestamp** – ein Zeitstempel, an dem der Block in UNIX[1] "gemint" wird
    d. die **Version** – die benutzte Version der Bitcoin-Software
    e. ein **Nonce** – eine Art Zähler, der von Minern verwendet wird, um einen korrekten Hash zu erzeugen
    f. den **Block-Schwierigkeitsgrad** – der entsprechende Schwierigkeitsgrad, mit dem ein Miner einen Block bearbeiten kann

Beachte, dass (c) bis (f) wie "Identifikations"-Dokumente eines Blocks betrachtet werden können. Wir werden Dir das aber in späteren Abschnitten noch detaillierter erklären.

2. Der **Block Body** – dieser enthält die Aufzeichnungen über alle im Block enthaltenen Transaktionen.

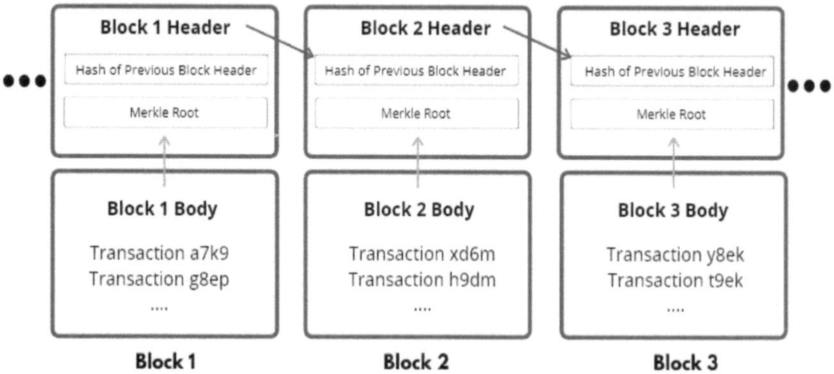

[1] Die UNIX-Zeit ist eine einheitliche Zeitdefinition für Computer, die miteinander kommunizieren. Da ein Computer kein Zeitgefühl hat und es auf der ganzen Welt unterschiedliche Zeitzonen gibt, haben Programmierer eine einheitliche „Computer-Uhrzeit“ erschaffen.

In jedem Block wird die Liste der Transaktionen indirekt über eine sogenannte *Merkle-Root* „ge*hasht*“ und in den Block-Header aufgenommen, so dass selbst 1.000 Transaktionen im gesamten Block Body als eine einzige Zeile des Hashes dargestellt werden können. Der Block-Header ist im Wesentlichen die "Zusammenfassung" eines ganzen Blocks und auch ein Verweis auf den vorherigen Block.

Merkle Root

Die *Merkle Root* ist so gesehen der Hash aller Hashes und eine Zusammenfassung aller Transaktionen in einem Block. In jedem Block kann es Tausende von Transaktionen geben - die Merkle-Root ist dabei der sich ergebende Hash all dieser Transaktionen.

Dies ist eine äußerst effiziente Methode zum Speichern und Überprüfen von Transaktionsdaten. Mit der *Merkle Root* kann man leicht überprüfen, ob eine Transaktion tatsächlich verifiziert wurde, ohne die gesamte Liste der Transaktionen durchgehen zu müssen.

Da die *Merkle-Root* im Block-Header enthalten ist, enthält der Block-Header dann effektiv alle Informationen, die erforderlich sind, um:

1. die Transaktionen des gesamten Blocks zusammenzufassen (*Merkle Root*)
2. die Verknüpfung zum vorherigen Block herzustellen (enthält den Hash des vorherigen Block-Headers)

Im nachfolgenden Block wird der Header des vorherigen Blocks ge*hasht* und als Teil des Headers im aktuellen Block gespeichert. Auf diese Weise verweist jeder Block über einen Hash auf den vorherigen Block, einschließlich der Liste aller Transaktionen. Um irgendeinen Teil der Informationen in den vorherigen Blöcken zu ändern, müsste also wirklich alles geändert werden, da selbst die kleinste Änderung zu einer völlig zufälligen Änderung des Hashes führt.

Kurz zusammengefasst: Der Bitcoin-Ledger

Das Bitcoin-*Ledger* ist das Herzstück der Blockchain-Technologie. Es ist eine transparente, global verteilte Datenbank von Transaktionen (die Blöcke) mit manipulationssicheren Eigenschaften, welche durch die Verwendung von kryptographischen Hash-Funktionen (die Kette) ermöglicht werden.

Bisher haben wir erklärt, was eine Blockchain so an sich ausmacht, aber einige wichtige Details fehlen noch:

1. Was hindert jemanden eigentlich daran, eine andere Version des gesamten Bitcoin-Ledgers zu erstellen und diese dann als die gültige Version zu verbreiten?
2. Was hindert jemanden daran, mehr Bitcoin zu erschaffen, als es maximal geben sollte?
3. Wie können sich alle Teilnehmer auf eine bestimmte Version des Bitcoin-Ledgers zu einem bestimmten Zeitpunkt einigen?
4. Wie werden Konflikte gelöst, wenn es widersprüchliche und unterschiedliche Bitcoin-Ledger-Versionen gibt?

An dieser Stelle kommen die sogenannten Miner ins Spiel. Miner sorgen effektiv für die Sicherheit des Bitcoin-Netzwerks und verifizieren Transaktionen mit Hilfe von Computern, die komplexe mathematische Berechnungen durchführen.

Mining auf der Blockchain

Bevor es Bitcoin gab, stellte man sich im Grunde unter dem Begriff „Mining“ wohl eher riesige Traktoren, staubige Wege und aufgeschüttete Steinhaufen vor. Mit der Geburt von Bitcoin bekam der Begriff "Mining" aber eine ganz neue Bedeutung, da er sich auf das Lösen von komplexen, sich wiederholenden mathematischen Problemen bezieht, die nur von spezialisierten Computern effektiv gelöst werden können.

Der Hauptgrund, warum Miner daran interessiert sind, am Bitcoin-Mining-Prozess teilzunehmen, ist, dass sie daran interessiert sind, die Bitcoin-Block-Rewards (die Belohnung der Miner) zu verdienen, welche an den Produzenten des nächsten Blocks vergeben wird.

Miner sorgen außerdem dafür, dass das Bitcoin-Netzwerk sicher bleibt und helfen allen anderen, mit einer Version der Software synchron zu bleiben. Sie investieren elektrische Energie in Form von Rechenleistung, um komplexe mathematische Probleme zu lösen und werden für ihre Bemühungen in Form von den bereits erwähnten Block-Rewards belohnt. Der Block Reward, den die Miner verdienen, ist effektiv die Gebühr, die das Bitcoin-Netzwerk für die Netzwerksicherheit bezahlt. Diese Methode stellt sicher, dass die Bitcoin-Blockchain nicht einfach manipuliert werden kann.

Im Falle von Bitcoin wird jeder Block ungefähr alle 10 Minuten erzeugt. In dieser 10-Minuten-Periode wählen die Miner Transaktionen aus, die verifiziert werden sollen, wobei die Transaktionen mit den höchsten Gebühren natürlich Priorität haben. Sobald ein neuer Block "gemint" wird, werden die darin enthaltenen Transaktionen zur Blockchain hinzugefügt und an die Teilnehmer weltweit gesendet - ähnlich wie eine neue Seite in unserem Monopoly-Notizbuch-Beispiel weiter oben verwendet wird.

Hier ist eine praktische Illustration, um den Prozess zu veranschaulichen:

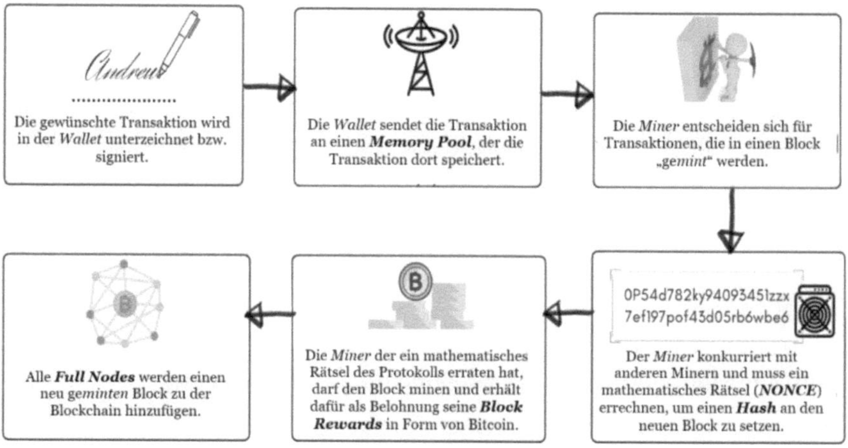

Was genau macht eigentlich ein Miner?

Im Fall von Bitcoin konkurriert ein Miner mit anderen Minern, um die sogenannte *Nonce* zu finden, welche die richtige Antwort gibt, indem er wiederholt eine SHA-256-Hashing-Berechnung durchführt.

Die Arbeit, die ein Miner beim Finden der Lösung dieses Rätsels leistet, wird auch als *Proof of Work* bezeichnet.

Für jeden neuen Block muss ein Miner einen Ausgabe-Hash erraten, der eine ganz bestimmte Bedingung erfüllt - die Anzahl der führenden Nullen. Grob gesagt, lautet diese Gleichung:

Hash output = Hash of (previous block header + merkle root hash + nonce)

Es ist also nicht nur eine Leistung, die ein Miner erbringen muss, sondern es gehört für ihn auch etwas Glück dazu, sich den nächsten Block zu ergattern und diesen mit Transaktionen zu füllen.

Der vorherige Block-Header und der Merkle-Root-Hash sind dabei bekannt, so dass die Miner effektiv den *Nonce-Wert* erraten, der den korrekten Ausgabe-Hash mit einer bestimmten Anzahl von führenden Nullen ergibt.

Dies ist der *Hash* für Block Nummer 647.729:

0000000000000000000064b9fcad14d747b725552005db1a77e6344a7c672a9bf

Das Erreichen der obigen Lösung erfordert wahrscheinlich viele Versuche und macht den Mining-Prozess sehr rechenintensiv. Ein eleganter Aspekt des *Hashings* ist jedoch, dass es - sobald die Eingabeparameter bekannt sind - ziemlich trivial und einfach zu überprüfen ist, ob es zur richtigen Lösung führt. Dies kann mit einem Sudoku-Rätsel verglichen werden, wobei es schwierig zu lösen, aber sehr einfach zu überprüfen ist, ob es richtig gelöst ist.

Bitcoin-Mining-Maschine (oder gemeinhin *ASIC* genannt)

Eine Bitcoin-Mining-Maschine wird auch als ***A**pplication **S**pecific **I**ntegrated **C**ircuit* (ASIC) bezeichnet, da sie nur eines kann - SHA-256-Hashes für Bitcoin berechnen und nichts anderes.

Die Leistung eines *ASICs* wird durch seine Hash-Rate gemessen. Die Hash-Rate ist ein Maß dafür, wie viele Hashes eine Maschine pro Sekunde berechnen kann. Ab 2020 kann ein handelsüblicher Bitcoin-ASIC etwa 100 TH/s (12 Nullen - das sind 100.000.000.000.000 Hashes pro Sekunde) berechnen. Im Vergleich dazu kann eine Desktop-CPU nur in Form von MH/s (6 Nullen) rechnen, also um Größenordnungen kleiner.

Bitcoin Mining Difficulty

Bitcoin-Mining wird oft auch mit einer Lotterie verglichen, weil es eben auch Glück erfordert, wo Miner wiederholt die Lösung eines mathematischen Problems erraten müssen. Im Fall von Bitcoin müssen die Miner die *Nonce* als Eingabe für die Hash-Eingabe finden, um eine Ausgabe zu erraten, die mit einer erforderlichen Anzahl von Nullen beginnt (und das ist dabei die Schwierigkeit).

Wenn Du bei einer Lotterie deine Gewinnchancen erhöhen möchtest, kannst Du Dir natürlich mehr Lotterielose kaufen. In ähnlicher Weise müssen Miner, die ihre Chancen auf die Lösung des mathematischen Rätsels erhöhen wollen, mehr oder schnellere Mining-Maschinen erwerben.

Miner erhalten die Belohnung (*Block Rewards*), wenn sie das Rätsel lösen, für ihren Beitrag zur Sicherung des Netzwerks.

Je mehr Miner dem Netzwerk beitreten, desto höher ist die Wahrscheinlichkeit, dass das Netzwerk das Rätsel gemeinsam löst und einen Block findet. Dies schafft eine Situation, in der die Lösung des Rätsels (und damit ein neuer Block) viel schneller als 10 Minuten gefunden werden kann.

Konstruktionsbedingt hält Bitcoin seine 10-Minuten-Blockzeit (also die Zeit für je einen Block) aufrecht, indem es einen anspruchsvollen Schwierigkeitsgrad beibehält - die Anzahl der Nullen, die für eine Lösung erforderlich sind, um einen Block abzuschließen.

Das Bitcoin-Protokoll passt den Schwierigkeitsgrad alle 2.016 Blöcke (~2 Wochen) an. Wenn die letzten 2.016 Blöcke weniger als zwei Wochen gebraucht haben, um gefunden zu werden, dann wird die Schwierigkeitsstufe erhöht. Wenn es mehr als zwei Wochen gedauert hat, dann wird die Schwierigkeit reduziert. Diese dynamische Anpassung der Schwierigkeit stellt sicher, dass Bitcoin-Blöcke im Durchschnitt einmal alle 10 Minuten abgebaut werden.

Was passiert, wenn 2 Miner die gleiche Antwort zur selben Zeit finden?

Für jeden gegebenen Block ist die richtige *Nonce*, die die Schwierigkeitsbedingung erfüllt, nicht auf eine bestimmte *Nonce* beschränkt - es gibt mehrere Antworten. Miner konkurrieren miteinander, um jeweils der Erste zu sein.

Dies kann zu einer Situation führen, in der zwei Miner gleichzeitig die Lösung für dieses mathematische Rätsel finden. Beide Miner senden ihre Lösungen gleichzeitig an das Bitcoin-Netzwerk, wobei ihre Lösungen von allen Teilnehmern als gleichwertig angesehen werden.

In diesem Abschnitt werden wir dieses Szenario kurz durchspielen, um zu zeigen, wie das Bitcoin-Protokoll mit dieser Situation umgeht.

Nennen wir die beiden Miner der Einfachheit halber Miner A und Miner B. Wenn sowohl Miner A als auch Miner B ihre jeweils gültigen Blöcke entdecken, werden beide Miner ihre Ergebnisse bekannt geben und an das Netzwerk weitergeben. Die Knoten (*Nodes*) im Netzwerk werden die Version des Blocks, die sie zuerst erhalten, in ihre Blockchain aufnehmen und sie um einen Block erweitern. Daher aktualisieren Knoten, die sich am nächsten zu Miner A befinden, ihre Blockchain mit dem neuesten Block, der von Miner A angekündigt wurde, während Knoten, die sich am nächsten zu Miner B befinden, ihre Blockchain mit dem neuesten Block aktualisieren, der von Miner B angekündigt wurde.

Jeder Knoten propagiert dann seine Version der Blockchain weiter an seine Nachbarknoten. In diesem Beispiel haben wir zwei konkurrierende Versionen der Blockchain, die entstanden sind, und wir brauchen einen Weg, um diesen Konflikt aufzulösen.

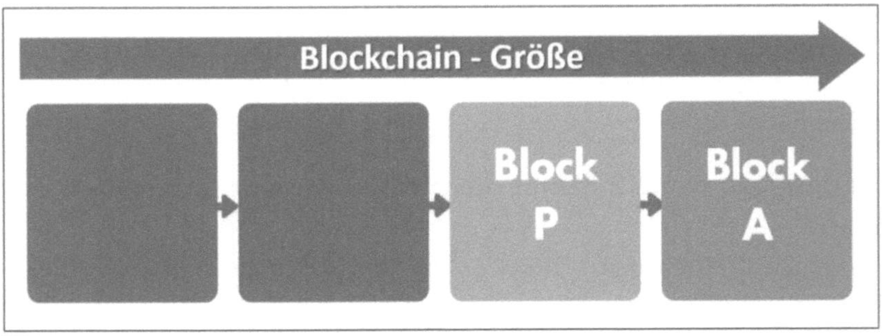

Blockchain Version A

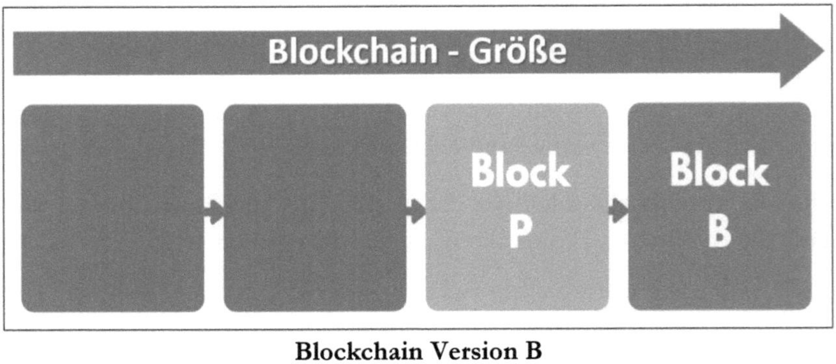

Blockchain Version B

Um diesen Konflikt zu lösen und sicherzustellen, dass der Zustand der Blockchain über alle Teilnehmer des Bitcoin-Netzwerks hinweg konsistent bleibt, wählt jeder Knoten die Blockchain aus, welche den meisten *Proof of Work* darstellt, auch bekannt als die längste Kette.

In diesem Fall werden die Miner, die Block A zu ihrer Blockchain hinzugefügt haben, versuchen, die Lösung für den nächsten Block zu finden und auf ihrem Status der Blockchain aufbauen. Miner, die Block B zu ihrer Blockchain hinzugefügt haben, werden ebenfalls versuchen, die Lösung für den nächsten Block zu finden und auf ihrem Stand der Blockchain aufbauen.

Schließlich wird ein Miner eine Lösung finden und die Blockchain entweder auf Block A oder B erweitern. Nehmen wir an, Miner X hat als Nächstes eine Lösung gefunden, die Block B erweitert; nennen wir dies Block X. Sofort bildet Block X die längste Kette und wird somit als der korrekte Zustand der Blockchain angesehen.

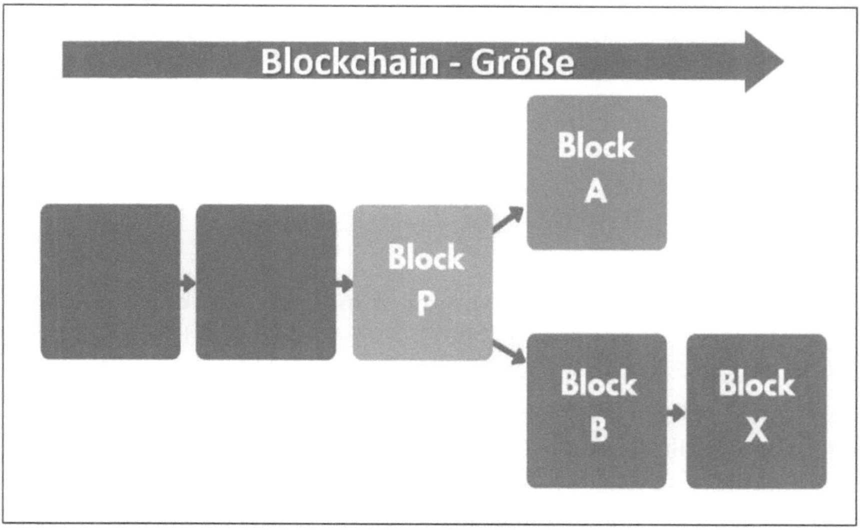

Alle Miner, die daran arbeiten, eine Lösung für Block A zu finden, stellen ihre Arbeit ein und gehen dazu über, eine Lösung für das nächste Puzzle zu finden, das auf Block X aufbaut. Block A wird nun als verwaister Block bezeichnet. Alle Transaktionen in Block A, die nicht in Block B oder Block X aufgenommen wurden, werden nun in die Warteschlange für den nächsten Block über Block X aufgenommen.

So geht das Bitcoin-Protokoll mit dem Problem um, dass es möglicherweise mehrere "Versionen" der Blockchain geben könnte.

Bitcoin-Transaktionen

Bitcoin-Transaktionen sind effektiv: es sind konkrete Eingaben und Ausgaben in einem Hauptbuch der Blockchain. Hier ist eine schnelle Visualisierung von zwei gängigen Arten von Transaktionen:

1. **Zahlung mit Wechselgeld** - Bob hat eine einzelne Adresse, die 0,5 BTC enthält. Bob sendet 0,1 BTC an Alice und erhält 0,4 BTC als Wechselgeld. Dies ist so, als würde er mit einer großen Banknote einen Kaffee mit Bargeld bezahlen und dafür Wechselgeld erhalten.

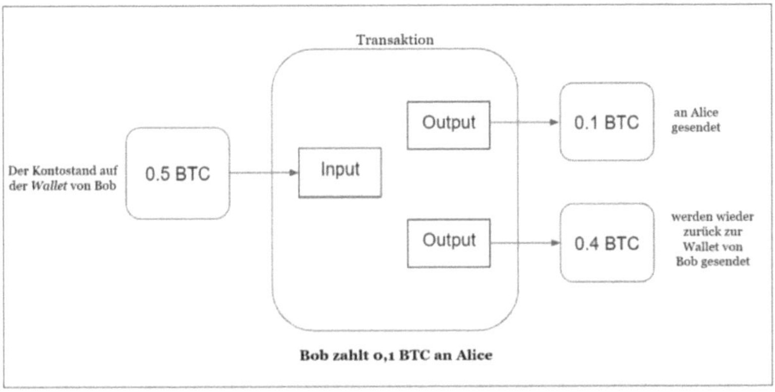

2. **Aggregieren mehrerer Eingänge zu einer einzigen Zahlung** - Bob möchte 0,7 BTC an Alice zahlen und hat zwei separate Adressen mit jeweils 0,5 BTC. Die Salden der Adressen werden zu einer einzigen Ausgabe von 0,7 BTC an Alice zusammengefasst, und Bob erhält die restlichen 0,3 BTC als Wechselgeld. Dies ist so, als würde man eine große Transaktion in bar bezahlen, indem man mehrere kleine Geldscheine kombiniert, um den erforderlichen Zahlungsbetrag zu erreichen.

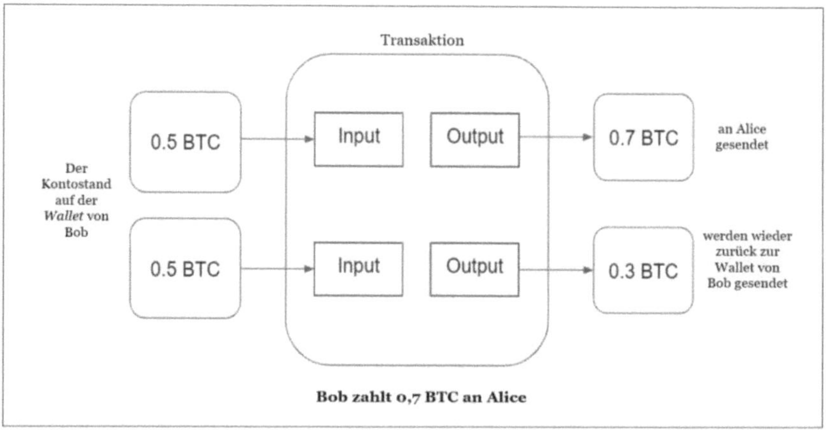

Es gibt noch viele weitere Möglichkeiten, wie Transaktionen auf der Bitcoin-Blockchain ablaufen können, aber die oben genannten Beispiele sind die häufigsten Formen von Transaktionen. Zu wissen, wie sie funktionieren, ist wichtig, um zu verstehen, wie das Bitcoin-Protokoll die Salden auf seinem Ledger behandelt.

Beachte bitte, dass wir in den obigen Beispielen die Gebühren, die an die Miner gezahlt werden, um die Transaktion zu verarbeiten, der Einfachheit halber weggelassen haben. Die Gebühren gehen an eine andere Adresse, die dem Miner gehört.

UTXO: Unspent Transaction Output

Bitcoin-Transaktionen bestehen aus Eingängen und Ausgängen. Nicht verbrauchte Transaktionsausgaben, oder *UTXOs*, sind genau das, wonach sie klingen - es sind Ausgaben von Blockchain-Transaktionen, die nicht verbraucht wurden und als Eingaben für neue Transaktionen verwendet werden können.

Auf einer grundlegenden Ebene diktieren diese so genannten *UTXOs* den Anfang und das Ende einer jeden Transaktion. Jedes Mal, wenn eine Transaktion durchgeführt wird, verwenden die Benutzer das Guthaben an *UTXOs*, welches sie als Input nutzen. Dabei ist die digitale Signatur erforderlich, um zu verifizieren, dass sie die tatsächlichen Eigentümer der Eingaben sind, bevor diese in Ausgaben umgewandelt werden.

Nachdem die Transaktionen abgeschlossen und zur Blockchain hinzugefügt wurden, gelten die als Inputs verwendeten *UTXOs* nun als "ausgegeben" und können nicht mehr für weitere Aktionen verwendet werden. Die Transaktionen erzeugen jedoch neue *UTXOs* aus den resultierenden Ausgaben, die später ausgegeben werden können.

Wie verhindert das Bitcoin-Netzwerk ein Double Spending?

Ein *Double-Spending* würde dann auftreten, wenn ein böswilliger Benutzer in der Lage wäre, seine Bitcoins an zwei verschiedene Empfänger zur gleichen Zeit zu senden. Das bedeutet, dass die zweite Transaktion die gleiche Eingabe wie eine andere Transaktion verwendet und beide Transaktionen gleichzeitig an das Bitcoin-Netzwerk weitergeleitet würden.

Doppelausgaben sind ein Problem, welches nur bei digitalen Währungen auftritt, da digitale Informationen leicht kopiert werden können, ähnlich wie Musik und Filme leicht kopiert werden können.

Doppeltes Ausgeben (auch: *Double-Spending*) ist bei physischen Währungen nicht möglich. Wenn Du Dir einen Donut für 1 Euro kaufen möchtest, müsstest Du diese 1 Euro-Münze dem Kassierer geben, um den Donut zu erhalten. Es ist nicht möglich, dieselbe 1-Euro-Münze ein zweites Mal zu verwenden, um Dir davon nun auch noch einen Kaffee zu kaufen. Wenn Du versuchen würdest, einen Geldschein mit einem Fotokopiergerät zu kopieren, könnte ein Kassierer sofort erkennen, dass dieser Geldschein eine Kopie und nicht echt ist. Bitte das auch nicht ausprobieren, denn es könnte Ärger geben.

Es gibt zwei primäre Möglichkeiten, das *Double-Spending*-Problem für digitale Währungen zu lösen – der Einsatz einer zentralen Clearing-Gegenpartei (die das Ganze überprüft) und die Blockchain. Eine zentrale Clearing-Gegenpartei erfordert Dein Vertrauen in einen Dritten und ist die primäre Art und Weise, wie unser traditionelles Finanzsystem zurzeit funktioniert. Bitcoin verlässt sich hier lediglich auf eine Blockchain, um das Auftreten von Doppelausgaben zu verhindern, ohne dass eine zentrale Autorität hierfür erforderlich ist.

Wenn es um Leute geht, die versuchen, Bitcoin in einem *UTXO* auszugeben, der aber bereits ausgegeben wurde - sagen wir vor einem Tag - ist es ziemlich einfach für einen Miner herauszufinden, dass dies keine gültige Transaktion ist, weil dieser *UTXO* bereits als Eingabe für eine andere Transaktion verwendet wurde, die in einem vorherigen Block enthalten war. Da der *UTXO* vor 1 Tag ausgegeben wurde, wäre dieser UTXO etwa 144 Blöcke zuvor enthalten gewesen.

Sollte der Miner aber aus was für Gründen auch immer, darauf bestehen, nun diesen bereits verwendeten *UTXO* auszugeben und die frühere Transaktion für ungültig zu erklären, muss er alle vorherigen 144 Blöcke erneut durchführen und gegen die Zeit antreten, um gegen alle anderen Miner die längste Kette zu erstellen. Dies ist rechnerisch sehr teuer und allein deshalb schon sehr unwahrscheinlich.

Was wäre, wenn sich Miner zu einem Double Spending absprechen würden?

Technisch gesehen könnte das wirklich passieren. Doppelausgaben können auftreten, wenn eine Mehrheit der Miner unehrlich ist. Dies wird dann auch als *51%-Attacke* bezeichnet. Dies tritt auf, wenn eine einzelne Entität in der Lage ist, mehr als 50% der gesamten Bitcoin-Mining-Kapazität zu kontrollieren. Wenn dies geschieht, hat die Entität genug Mining-Power, um die Reihenfolge der Transaktionen zu verändern und sogar bestimmte Transaktionen auszuschließen.

Ein Angreifer, der 51 % der Kontrolle über eine Blockchain hat, kann einen Bitcoin doppelt ausgeben, indem er zwei Transaktionen zur gleichen Zeit an zwei verschiedene Adressen sendet. Dieser Angriff zielt in der Regel auf Kryptowährungsbörsen, da der Wert eines solchen Angriffs am höchsten wäre. Um solch einen Angriff durchzuführen, würde die erste Transaktion an einen Händler gesendet werden, um einen Artikel zu kaufen, und diese Transaktion würde danach an das breitere Bitcoin-Netzwerk gesendet.

Die zweite Transaktion würde an die eigene Adresse des Angreifers gesendet werden und der Angreifer würde heimlich einen anderen Zweig der Blockchain *minen*, der die zweite Transaktion, aber nicht die erste Transaktion enthalten würde. Der Angreifer würde danach die geheime Kette für einige Blöcke weiter *minen*, bis sie länger ist als die öffentliche Kette aller anderen Miner und auch bis die erste Transaktion von einem Händler akzeptiert würde.

Sobald dies geschehen wäre, würde die geheime Kette an das Netzwerk gesendet werden. Da diese geheime Kette nun länger ist als die öffentliche Kette, würde das Netzwerk automatisch die geheime Kette als die legitime Kette des Netzwerks betrachten. Die erste Zahlung an den Händler wäre somit ungültig.

Dies ist einer der Gründe, warum Bitcoin-Transaktionen normalerweise 3 bis 6 Bestätigungen von Händlern benötigen, bevor sie als gültige Transaktion akzeptiert werden. Je mehr Blöcke auf die bestehende Blockchain ge-*mined* werden (jeder Block stellt eine Bestätigung dar), desto höher ist die Wahrscheinlichkeit, dass die Transaktion nicht rückgängig gemacht wird, da mehr Rechenleistung benötigt wird, um den *Proof of Work* zu vollenden, der für das Hinzufügen von Blöcken zur Blockchain notwendig ist.

Solange eine Mehrheit der Miner ehrlich ist, wird es jedoch für einen Einzelnen unmöglich sein, 51% der *Hashrate* zu akkumulieren und einen solchen Double-Spend-Angriff durchzuführen. Das Bitcoin-Netzwerk ist ausreichend dezentralisiert, so dass kein einzelner Netzwerk-Teilnehmer die 51% der *Hashrate* kontrolliert. Dies ist aber auch ein weiterer Grund, warum die Dezentralität (in diesem Sinne: die Machtverteilung) für Kryptowährungen so enorm wichtig ist.

Kapitel 3: Die Geschichte von Bitcoin

Datum	Ereignis
18. Aug. 2008	Die Domain www.bitcoin.org wurde registriert.
1. Nov. 2008	Das Whitepaper (Konzept) von Bitcoin wurde von einer unbekannten Person namens Satoshi Nakamoto veröffentlicht: "Bitcoin: A Peer-to-Peer Electronic Cash System"
3. Jan. 2009	Der erste Bitcoin-Block (auch: Genesis-Block) wurde erstellt.
18. Mai 2010	Der in der Szene bekannte „Bitcoin Pizza Day", an dem ein Netzwerkteilnehmer sich für 10.000 BTC eine Pizza bestellte. Beim heutigen Kurs von 46.449 Euro je Bitcoin (Stand 27.März .2021) war es somit die teuerste Pizza der Welt für insgesamt 464 Millionen Euro.
18. Juli 2010	Die erste Bitcoin-Handelsbörse mit dem Namen "Mt. Gox" wurde ins Leben gerufen. Das endete allerdings nicht so gut.
15. Aug. 2010	Ein Bug verursachte einige schwere Fehler im Netzwerk.
14. Feb. 2011	Ein Marktplatz im Darknet namens „Silk Road" wurde gegründet und benutzte Bitcoin als gängiges Zahlungsmittel. Ja, dieser Geschichte haben wir teilweise noch heute das Vorurteil zu verdanken, dass Bitcoin etwas für Kriminelle wäre.
19. Juni 2011	Die Bitcoin-Handelsbörse Mt. Gox wurde gehackt. Tausende von Anleger verloren ihre Bitcoins und der Preis fiel von 17 US-Dollar auf 0,01 US-Dollar.
15. Jan. 2012	Das erste Mal, dass Bitcoin in einer TV-Serie erwähnt wurde (The Good Wife – Staffel 3, Folge 13)

Datum	Ereignis
24. Apr. 2012	Eine Bitcoin-Website für Wetten wurde ins Leben gerufen mit dem Namen „Satoshi Dice“.
28. Nov. 2012	Das allererste Bitcoin-Halving—Der Bitcoin Block Reward wurde von 50 BTC auf 25 BTC per Block gesenkt.
20. März 2013	Ein weiterer Bug gefährdete das Bitcoin-Netzwerk.
28. März 2013	Die Marktkapitalisierung von Bitcoin erreichte eine Milliarde US-Dollar.
19. Aug. 2013	Das Deutsche Finanzministerium charakterisierte Bitcoin als "Recheneinheit".
26. Jan. 2014	Der CEO von BitInstant, Charlie Shrem, wurde wegen unerlaubten Geldtransfers im Zusammenhang mit dem Silk Road-Marktplatz verhaftet.
15. Mai 2014	Die digitale Signatur von Stoned, einem uralten Computervirus, wurde in die Bitcoin-Blockchain eingefügt, was zu falschen Positivmeldungen von Antivirenprogrammen führte.
14. Jan. 2016	Das Whitepaper für das Bitcoin Lightning-Netzwerk (eine bessere Variante und Version) wurde veröffentlicht.
11. Juni 2016	Die Bitcoin-Marktkapitalisierung erreichte zum ersten Mal eine Marke von 10 Milliarden US-Dollar.
9. Juli 2016	Das zweite Bitcoin Halving—Der Bitcoin Block Reward wurde von 25 BTC auf 12,5 BTC per Block reduziert.
23. Mai 2017	Die so genannte New Yorker-Vereinbarung wurde von dem Großteil aller Miner getroffen, um die Skalierbarkeit von

Datum	Ereignis
	Bitcoin zu erhöhen.
1. Aug. 2017	Ein Fork (in Kauf genommene Abweichung aus der Blockchain) begann und es entstand daraus Bitcoin Cash (BCH).
20. Okt. 2017	Die Bitcoin-Marktkapitalisierung erreichte die 100 Milliarden US-Dollar-Marke.
15. März 2018	Das Lightning Netzwerk wurde in Betrieb genommen.
11. Mai 2020	Das dritte Bitcoin Halving —Der Bitcoin Block Reward wurde von 12,5 BTC auf 6,25 BTC per Block reduziert.
12. Nov. 2020	PayPal ermöglichte den Handel mit Kryptowährungen.
21. Dez. 2020	Das US-Softwareunternehmen MicroStrategy gab bekannt, dass es nun 70.470 BTC für 1,12 Milliarden US-Dollar erworben hatte (beim Durchschnittspreis von 15,964 US-Dollar je BTC). Das Ziel war es, das firmeneigene Vermögen vor Inflation und möglichen Wertverlusten zu schützen.
8 Feb 2021	Der US-Autohersteller *TESLA Motors Inc.* gibt bekannt, dass er ab sofort nun auch Bitcoin in seine Bilanz als Vermögenswert mitaufnimmt. Ebenso sollen Zahlungen in Bitcoin akzeptiert werden, was aber später wieder vom CEO Elon Musk widerrufen wird.
9 Jun 2021	El Salvador ruft als erstes Land der Welt den Bitcoin als gesetzlich-legitimiertes Zahlungsmittel innerhalb des Landes aus. Von nun an zählt hier der Bitcoin als offizielle Währung neben dem US-Dollar.

Die Liste zeigt einige der historischen Schlüsselmomente auf, die sich in der Geschichte von Bitcoin ereignet haben. In diesem Kapitel werden wir uns mit einigen dieser Schlüsselereignisse genauer befassen.

Der Mt. Gox-Hack

Am 19. Juni 2011 gelang es einem bösartigen Hacker, in die Rechner der damals größten Bitcoin-Börse, Mt. Gox, einzudringen. Es folgten einige verdächtige größere Transfers, wodurch der Preis von Bitcoin von damals 17 US-Dollar auf 0,01 US-Dollar fiel.

Dies geschah angeblich, weil der Angreifer in der Lage war, auf einen Computer zuzugreifen, der einem Auditor von Mt. Gox gehörte, und er dann anschließend die Bitcoins illegal an sich selbst transferierte. Mit Hilfe der Handelssoftware der Börse verkaufte der Hacker die gestohlenen Bitcoins auf dem Markt und erzeugte einen großen Verkaufsauftrag, welcher später dann den Preis ins Bodenlose stürzen ließ.

Der Preis korrigierte sich jedoch innerhalb weniger Minuten wieder auf den üblichen Kursbereich. Während des Angriffs hob der Hacker Bitcoin im Wert von 2.000 US-Dollar ab und ließ außerdem die Datenbank von Mt. Gox, welche die Benutzernamen und die verschlüsselten Passwörter aller Kunden enthielt, ungeschützt und für jedermann einsehbar zurück. Konten mit einem Gesamtwert von fast 9 Millionen US-Dollar waren hierbei von dem Angriff betroffen.

Um zu beweisen, dass Mt. Gox die Situation unter Kontrolle hatte, wurden mehr als 400.000 Bitcoins aus dem "Cold Storage" zu einer Mt. Gox Adresse verschoben. Zusätzlich versuchte Mt. Gox, sich von dem Angriff zu erholen, indem es alle Transaktionen auf den vorherigen Zustand vor den Verkaufsaufträgen zurücksetzte.

Der Schaden war jedoch bereits angerichtet. Bald nach diesem Vorfall waren die Kunden mit Problemen bei ihrer Abhebung konfrontiert. Am 28. Februar 2014 meldete Mt. Gox dann Konkurs an und behauptete, dass man etwa 850.000 Bitcoins verloren habe, die zum Zeitpunkt der Insolvenzbekanntgabe einen Wert von 450 Millionen US-Dollar hatten.

Die Abschaltung der Silk Road

In seinen frühen Tagen wurde bitcoin oft mit illegalen Geschäften in Verbindung gebracht, da es als anonym wahrgenommen wurde, obwohl dies nicht ganz zutraf. Aus diesem Grund wurde Bitcoin als Währung der Wahl auf der illegalen Handelsbörse *Silk Road* populär, einem Darknet-Marktplatz, auf dem Benutzer illegale Substanzen wie Drogen kaufen und verkaufen konnten.

Was die meisten damals nicht verstanden; war, dass man im Bitcoin-Netzwerk nicht anonym; sondern durch ein Pseudonym vertreten ist, was bedeutet, dass jemand dich als Besitzer der Adresse immer noch aufspüren kann, wenn er nur über entsprechende Informationen verfügt. Kunden der Silk Road, die Bitcoin bezahlt und erhalten hatten, konnten mit größerem Aufwand von den zuständigen Vollzugsbehörden durchaus aufgespürt werden. Am 23. Juni 2013 beschlagnahmte die *Drug Enforcement Administration (DEA)* etwas mehr als 11 Bitcoins von einem der identifizierten Verkäufer der Plattform, die zum Zeitpunkt der Beschlagnahmung etwa einen Wert von 814 US-Dollar hatten.

Dieser Betrag war jedoch winzig im Vergleich zu einer Verhaftung eines früheren Drogenverkäufers auf der *Silk Road* im November 2020 durch das US-Justizministerium. Bei dieser besagten Verhaftung wurden über 70.000 Bitcoins im Wert von mehr als einer Milliarde US-Dollar beschlagnahmt.

Die *Silk Road* wurde stillgelegt, als der pseudonyme Gründer "*Dread Pirate Roberts*", auch bekannt als *Ross Ulbricht*, im Oktober 2013 vom *Federal Bureau of Investigation (FBI)* verhaftet wurde. Obwohl Silk Road zu einem Schandfleck in der Geschichte von Bitcoin wurde, diente es als Beispiel für die reale Nutzung und bewies, dass eine dezentralisierte Währung tatsächlich als globale Währung in einem schrankenlosen Markt funktionieren kann.

Halving: Die Halbierung der Block Rewards

Bitcoins *Block Reward*-Halbierung ist eines der bemerkenswertesten Ereignisse in der Geschichte von Bitcoin. Die Halbierung ist der Prozess, bei dem die Block-Belohnungen, die die Miner für das erfolgreiche Mining eines jeden Blocks erhalten, halbiert werden.

Die Block Rewards werden alle 210.000 Blöcke halbiert, also in etwa alle 4 Jahre. Die erste Halbierung des Block Rewards fand bei Block 210.000 am 28. November 2012 statt und halbierte den Block Reward von 50 auf 25 BTC pro Block. Die zweite Halbierung des Block Rewards fand bei Block 420.000 am 9. Juli 2016 statt, wobei der Block Reward weiter auf 12,5 BTC pro Block halbiert wurde. Die dritte Halbierung fand bei Block 630.000 am 11. Mai 2020 statt. Zum Zeitpunkt des Schreibens dieses Buchs (März 2021) befinden wir uns in der dritten Halbierungsphase, in der 6,25 BTC pro Block verteilt werden.

Der Prozess der Halbierung wird alle 210.000 Blöcke fortgesetzt, bis alle 21 Millionen Bitcoins komplett abgebaut sind. Zum Zeitpunkt des Verfassens dieses Artikels sind über zwei Drittel aller Bitcoins, oder auch ungefähr 18 Millionen Bitcoins, abgebaut worden.

Das folgende Diagramm zeigt den Zeitplan der Bitcoin-Block Rewards und den Gesamtvorrat auf dem Weg zur maximal möglichen Menge von 21 Millionen Bitcoin im Jahr 2140.

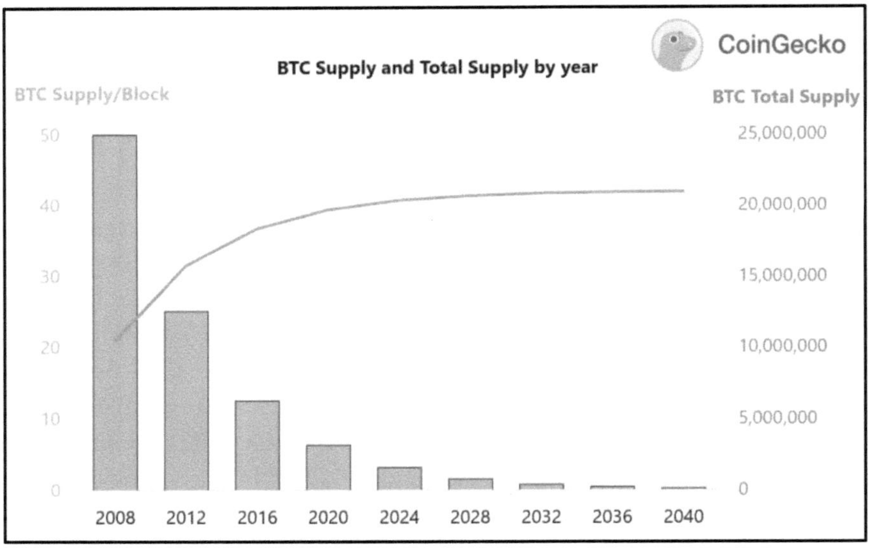

Bei der nächsten Halbierung der Block Rewards bei Block 840.000 wird die Blockbelohnung von 6,25 auf 3,125 BTC pro Block reduziert. Es wird erwartet, dass dies irgendwann Ende Mai 2024 stattfinden wird. Das genaue Datum und die Uhrzeit stehen noch nicht fest, da die Bitcoin-Blockzeit aufgrund des Schwierigkeitsgrades und der mit dem Mining verbundenen Chancen variieren kann.

Alle vier Jahre kommt die Bitcoin-Community zusammen, um dieses Halbierungsereignis zu feiern. Es gibt eine Menge Aufregung um das Halbierungsereignis, da es die wachsende Knappheit von Bitcoin repräsentiert. Wenn sich der *Block Reward* halbiert, halbiert sich auch die Inflation im Bitcoin-Ökosystem.

Auch wenn die maximale Menge von 21 Millionen Bitcoins bekannt ist, führt allein die Wahrnehmung, dass nun weniger Bitcoins pro Block geschaffen werden, dazu, dass der Preis von Bitcoin ansteigen wird.

NYA: Das New York Agreement

Jeder Block in Bitcoin ist auf 1 Megabyte (MB) begrenzt und kann nur eine begrenzte Anzahl von Transaktionen aufnehmen (jeweils etwa 250 Byte). Daher liegt der begrenzte Durchsatz bei etwa 3 Transaktionen je Sekunde.

Da Bitcoin bereits kurz nach seiner Gründung schnell wuchs, gab es einen dringenden Bedarf für das Bitcoin-Netzwerk, mehr Transaktionen pro Sekunde zu verarbeiten. Die Bitcoin-Community verfiel für einige Monate in Diskussionen darüber, welches der beste Weg wäre, um voranzukommen.

Schließlich, in einem Versuch, Bitcoins Skalierungsprobleme zu lösen, brachte *Barry Silbert*, CEO der *Digital Currency Group*, über 50 Bitcoin-Unternehmen dazu, am 23. Mai 2017 gemeinsam das so genannte *New York Agreement* vorzuschlagen.

Der Vorschlag zielte darauf ab, eine praktikable Lösung zu finden, um Bitcoin voranzubringen, enthielt aber auch einige kontroverse Punkte, die eine Spaltung der Bitcoin-Gemeinschaft verursachen konnten.

Im New Yorker Abkommen wurden zwei Aktionspunkte angesprochen:

1. einen „Segregierter Zeugen“ (SegWit) implementieren

   SegWit entfernt einige Daten aus jeder Transaktion, wodurch mehr Transaktionen in jeden Block gepackt werden können. Mehr Transaktionen in jedem Block zu haben, hat den zusätzlichen Vorteil, dass Transaktionen billiger werden.

   Gegner behaupten jedoch, dass SegWit der eigentlichen Definition von Bitcoin als "eine Kette digitaler Signaturen" widerspricht, da es Probleme für Sender und Empfänger schafft, die Authentizität einer Transaktion in der Zukunft zu beweisen.

Hinweis: Eine ausführlichere Erklärung zu SegWit findest du hierzu in Kapitel 8.

2. Blockgröße auf 2 MB erhöhen

   Indem man die Blockgröße erhöht, kann man mehr Daten (und damit mehr Transaktionen) in jeden Block packen, was den Durchsatz des Bitcoin-Netzwerks effektiv erhöht.

> Auf der anderen Seite argumentieren die Gegner, dass eine Erhöhung der Blockgröße auf 2 MB die Mining-Kosten in die Höhe treiben könnte, da größere Blöcke bessere Mining-Hardware erfordern und somit die Macht von einzelnen Minern auf zentralisierte Konglomerate verlagert wird. Dies widerspricht den Kerngedanken von Bitcoin, die Dezentralisierung zu fördern.

Die Bitcoin-Community stimmte über das New York Agreement ab, nachdem sie debattiert und die Vor- und Nachteile jeder Lösung abgewogen hatte. Sie erreichten schließlich einen Mehrheitskonsens, SegWit einzusetzen und die Blockkapazität trotz der potenziellen Risiken zu verbessern. Am 24. August 2017 wurde *SegWit* erfolgreich in das Bitcoin-Protokoll aufgenommen und die Produktivität des Bitcoin-Netzwerks stieg auf 7 Transaktionen pro Sekunde (auch: TPS) an.

Der zweite Teil des New Yorker Abkommens, nämlich die Erhöhung der Blockgröße auf 2 MB, war jedoch nicht erfolgreich. Dies spaltete letztlich die Community und führte zu einer harten Abspaltung von Bitcoin, was zum Bitcoin-Cash führte.

Lightning-Network

Das Bitcoin-Netzwerk (nach SegWit) kann nur 7 Transaktionen pro Sekunde verarbeiten und benötigt 10 Minuten für den Abschluss - einfach unzureichend für ein globales Zahlungssystem. Auch im Vergleich zum Visa-Zahlungsnetzwerk, das etwa 24.000 Transaktionen pro Sekunde verarbeiten kann, ist es weit entfernt. Um dieses Problem zu lösen, wurde das Lightning Network als mögliche Lösung vorgeschlagen.

Das Lightning Network ist eine zweite Ebene, die auf dem Bitcoin-Netzwerk aufbaut und Transaktionen auf einer separaten Sidechain aufzeichnet, die aber immer noch im Bitcoin-Hauptnetzwerk verifizierbar ist. Es erreicht mehrere wichtige Ziele:

1. **Hoher Durchsatz** - Lightning Network hat einen theoretischen Durchsatz von 1 Million Transaktionen pro Sekunde (im Vergleich zu 7 Transaktionen pro Sekunde bei Bitcoin).
2. **Schnelle Transaktionen** - Transaktionen werden in weniger als einer Minute verarbeitet (vs. 10 Minuten für Bitcoin Hauptnetzwerk).
3. **Niedrige Gebühren** - Die Gebühren im Lightning Network sind viel niedriger und fast vernachlässigbar (im Vergleich zu den Gebühren im Bitcoin-Hauptnetzwerk)
4. **Reduziert Staus** - Sobald das Lightning Network eingeführt ist, kann es potenziell den Verkehr auf der Bitcoin-Blockchain reduzieren, da Zahlungen hauptsächlich auf der Lightning Network Sidechain verarbeitet werden.

Lightning Network befindet sich noch im Anfangsstadium und ist nicht ganz fehlerfrei. Teams wie ACINQ, Blockstream und Lightning Labs arbeiten noch hart daran, Lightning Network weiterzuentwickeln.

Hinweis: Eine ausführlichere Erklärung zu Lightning Network findest du in Kapitel 8.

Bugs

Das Bitcoin-Protokoll ist eine von Menschen geschriebene Software und Fehler sind in der Codebasis selbst vorprogrammiert. Bei zwei verschiedenen Gelegenheiten wurden Fehler in der Bitcoin-Codebasis gefunden und verursachten größere Störungen des Protokolls.

In beiden Fällen haben sich Bitcoin-Entwickler und Community-Mitglieder zusammengetan, um die Fehler zu beheben und das Protokoll reibungslos am Laufen zu halten. Eine interessante Statistik für Bitcoin ist, dass es eine 99,986%ige Serververfügbarkeit gemeldet hat, was vergleichbar mit der Garantie eines Unternehmensdienstleisters für Server wie Amazon Web Services ist.

Wertüberlauf-Vorfall (15. August 2010)

Der Value Overflow Bug war einer der größten Bugs, die in Bitcoin gefunden wurden. Ohne eine richtige Lösung würde er Bitcoin ruinieren. Der Vorfall ereignete sich, weil der Code zur Überprüfung von Bitcoin-Transaktionen nicht funktionierte, wenn die Ausgaben so groß waren, dass sie beim Zusammenzählen überliefen.

Ein Hacker hat diesen Fehler ausgenutzt und 184 Milliarden Bitcoins aus dem Nichts generiert. Denken Sie daran, dass der Gesamtvorrat von Bitcoin auf 21 Millionen gedeckelt werden sollte.

Jeff Garzig, ein ehemaliger Bitcoin Core Entwickler, entdeckte die Anomalie und berichtete im Bitcointalk-Forum. Satoshi nahm die Sache ernst und veröffentlichte innerhalb von 3 Stunden ein Bitcoin Software-Upgrade auf Version 0.3.10. Das Software-Upgrade setzte die Bitcoin-Blockchain zurück und entfernte die anormale Transaktion, die 184 Milliarden Bitcoins aus dem Nichts generierte.

Dieses Software-Upgrade löste das Problem noch nicht vollständig, da nun zwei Blockchains laufen - die ältere Blockchain mit der abnormalen Transaktion und die aktualisierte Blockchain, die die abnormale Transaktion nicht enthält.

Die Miner wurden über den Vorfall informiert und wurden aufgefordert, ihre Software zu aktualisieren, um die neue Kette zu minen und das Mining der schlechten Kette zu beenden. Nach 19 Stunden wurde die gute Kette zur dominierenden Kette und viele Miner stellten das Mining der schlechten Kette ganz ein. Dies beendete schließlich den Wertüberlauf-Vorfall und bewahrte die Integrität von Bitcoin.

Fork-Vorfall (20. März 2013)

Der Vorfall mit der Kettengabelung trat auf, als Bitcoin versuchte, von Version 0.7 auf Version 0.8 zu aktualisieren. Dieses Update sollte eine Datenbank-Bibliothekssoftware in der Bitcoin-Codebasis von Berkeley DB zu LevelDB ersetzen.

Während des Software-Upgrades entfernten die Bitcoin-Entwickler versehentlich ein unbekanntes Limit von 10.000 Datenbanksperren in der neuen Version 0.8. Infolgedessen enthielten Blöcke, die in Version 0.8 erstellt wurden, ungewöhnlich große Mengen an Transaktionen, die nicht mit Version 0.7 kompatibel waren.

Die Inkompatibilität führte dazu, dass sich die Bitcoin-Blockchain aufspaltete, wobei die Miner der Version 0.7 die anormalen neuen Blöcke der Version 0.8 ablehnten und ihre eigene neue Blockchain bildeten.

Glücklicherweise wurde die Spaltung der Kette sehr schnell entdeckt. Zwei große Mining-Pools, *BTCGuild* und *Slush*, haben die Führung übernommen und ihre Mining-Software auf die ältere Version 0.7 heruntergestuft, trotz möglicher Einnahmeverluste. Da die meisten Miner kurz darauf wieder auf Version 0.7 zurückstuften, war der Chain Split innerhalb von 6 Stunden und 20 Minuten behoben.

Unmittelbar nach dem Vorfall wurde die Version 0.8.1 veröffentlicht, um die Fehler der Version 0.8 mit einigen zusätzlichen Regeln zu beheben. Die Regeln setzten die Grenzen der Blockgröße auf 500.000 Bytes und lehnten Blöcke mit mehr als 10.000 Sperren ab. Die Miner wurden daraufhin aufgefordert, ein Upgrade durchzuführen und mit der Version 0.8.1 zu minen, die die neuen standardisierten Regeln enthielt.

FUN FACT
Zum Zeitpunkt des Schreibens wurde Bitcoin bereits 393 Mal für tot erklärt. Trotz der zahlreichen Male, die verschiedene Figuren und Medien Bitcoin tot nennen, ist es noch nicht passiert. Du kannst den "Tod" von Bitcoin auf *Bitcoin Obituary* verfolgen, einer Satire-Website, die Nachrichtenartikel und Blogs sammelt und aggregiert, die Bitcoin für "tot" erklären.

Kapitel 4: So bewahrst du Deine Bitcoin sicher auf!

In diesem Kapitel werden die unterschiedlichen Arten von Bitcoin-Wallets und die notwendigen Schritte zur sicheren Aufbewahrung Deiner Bitcoins erklärt. Wenn Du Deine Fiat-Währungen auf Deinem Bankkonto aufbewahrst, ist Deine Bank für die sichere Aufbewahrung Deiner Gelder verantwortlich. Wenn es jedoch um Kryptowährungen geht, bist aber Du selbst für Deine Gelder verantwortlich.

Wie man es bei digitalem Geld vermuten würde, ist eine Bitcoin-Wallet eine Software, in der Du Bitcoins speichern, senden und empfangen kannst. Eine Bitcoin-Wallet hilft Dir bei der Verwaltung Deiner privaten und öffentlichen Schlüssel (*Private Key* und *Public Key*). Ein privater Schlüssel bzw. der *Private Key* wird verwendet, um Transaktionen zu signieren und um eine beliebige Anzahl an Bitcoin zu senden, die Du besitzt, während ein öffentlicher Schlüssel bzw. der *Public Key* von Deinem *Private Key* abgeleitet werden kann, um Bitcoin-Adressen zu generieren.

Wenn wir hierfür z. B. ein E-Mail-Postfach als Analogie verwenden, kann man sich den privaten Bitcoin-Schlüssel als das Passwort für Dein E-Mail-Konto vorstellen und die Bitcoin-Adresse als die E-Mail-Adresse, an die Dir die Leute ihre Mails senden können.

Es gibt eine komplexe Mathematik, die hinter all diesen Schlüsseln und Adressen steckt. Der Einfachheit halber haben wir Dir in diesem Kapitel das Wichtigste zusammengefasst, was Du darüber wissen musst.

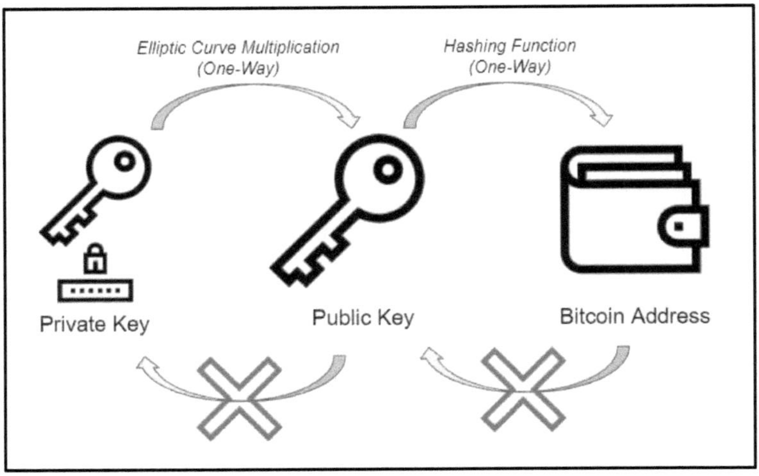

Mit dem *Private Key* kann man ziemlich leicht einen öffentlichen Schlüssel bzw. *Public Key* erzeugen. Mit dem öffentlichen Schlüssel kann man dann wiederum eine Bitcoin-Adresse erzeugen, an die Bitcoins gesendet werden können. Der umgekehrte Weg ist jedoch mathematisch fast unmöglich und wenn überhaupt mit enormem Aufwand verbunden.

Dein *Private Key* ist etwas, das Du sehr sicher und nur für Dich aufbewahren solltest, denn er gibt jedem; der ihn hat; den Zugang zu Deiner gesamten Bitcoin-Wallet und dem darauf befindlichen Guthaben. Jeder, der Zugang zu Deinem *Private Key* hat, kann Dein gesamtes Bitcoin-Guthaben mitnehmen, genau wie jeder, der Zugang zu Deinem E-Mail-Passwort hat, all Deine E-Mails lesen kann und sich als Dich ausgeben kann.

Private Key

Der private Schlüssel bzw. *Private Key* wird verwendet, um alle Deine Transaktionen digital zu signieren, mit denen Du Deine Bitcoins ausgeben willst. Ein Beispiel für einen privaten Bitcoin-Schlüssel ist unten zu sehen. Er enthält 64 Zeichen:

a966eb6058f8ec9f47074a2faadd3dab42e2c60ed05bc34d39d6c0e1d32b8b df

Der öffentliche Schlüssel bzw. *Public Key* von Bitcoin wird mathematisch aus diesem *Private Key* abgeleitet. Es ist derzeit nahezu unmöglich, die umgekehrte

Mathematik zu verwenden, um den privaten Schlüssel vom öffentlichen Schlüssel abzuleiten.

Im Wesentlichen ist das Erstellen eines privaten Bitcoin-Schlüssels dasselbe wie das Auswählen einer Zufallszahl zwischen 1 und 2256 (2 multipliziert mit sich selbst für ganze 256 Mal). Um ein besseres Verständnis für die Größenordnung zu geben, anbei ein Beispiel hierzu: 2256 ist eine Zahl, die aus 78 Ziffern besteht und auf Deinem Taschenrechner etwa so aussehen sollte:

115,792,089,237,316,195,423,570,985,008,687,907,853,
269,984,665,640,564,039,457,584,007,913,129,639,936

Oder für eine bessere Lesbarkeit:

***1.158 x 10**^{77}*

(das ist 1,1 mit 77 Nullen dahinter)

Dies ist eine unvorstellbar große Zahl. Im Vergleich dazu, wenn wir die Sekunden seit dem theoretischen Beginn des Universums zählen würden, würde diese Zahl (13,7 Milliarden Jahre) ungefähr 435.075.697.224.000.000 Sekunden ergeben (oder 4,35 x 1017, was nicht annähernd 1,158 x1077 entspricht). Ein weiterer verblüffender Vergleich ist mit einer anderen Schätzung, die die Anzahl der Atome des beobachtbaren Universums auf 1080 Atome setzt, also eine 1 mit 80 Nullen dahinter.

Kurz gesagt, *Private Keys* sind äußerst schwer zu erraten und nahezu unmöglich herauszufinden. Die Schwierigkeit ist wahrscheinlich vergleichbar damit, ein einzelnes Sandkorn an einem Strand auszuwählen und später einen Freund zu bitten, genau dieses Sandkorn unter allen Stränden der Erde zu finden. Private Keys mögen zwar schwer zu erraten sein, aber man kann sie trotzdem auf andere Weise verlieren.

Es ist wichtig, dass Du Deinen *Private Key* auf keinen Fall jemals an jemandem preisgibst. Lade Deinen Private Key nicht ins Internet hoch und ebenso solltest du immer irgendwo ein nicht-digitales Backup Deines Private Keys versteckt haben. Du benötigst Deinen Private Key, um Deine in der Wallet befindlichen Bitcoins irgendwann ausgeben zu können und solltest Du Deinen Private Key verloren haben, so sind all Deine Bitcoins ebenso verloren.

Der Public Key und die Bitcoin-Adresse

Öffentliche Schlüssel bzw. der *Public Key* werden von einem Private Key abgeleitet. Dieser wird durch Anwendung der elliptischen Kurven-Kryptographie auf den privaten Schlüssel erstellt.

Es ist wichtig zu verstehen, dass ein *Public Key* nicht dasselbe ist wie Deine Bitcoin-Adresse. Ein *Public Key* wird, wie ein *Private Key*, verwendet, um Bitcoin-Adressen zu generieren. Tatsächlich kann auch ein öffentlicher Schlüssel mehrere Bitcoin-Adressen unter Verwendung des sogenannten *BIP32 Hierarchical Deterministic Wallet-Standards* erzeugen.

Genau wie bei *Private Key* wird empfohlen, dass Du Deinen *Public Key* niemandem mitteilen solltest, es sei denn, es ist absolut notwendig. Glücklicherweise wird ein nicht-technischer Benutzer nur selten auf die Notwendigkeit stoßen, *Public Keys* zu kennen oder zu verwenden. Deine *Bitcoin-Wallet-Software* wird für Dich den technischen Prozess hinter all dem erledigen.

Du solltest jedoch mit dem nächsten Konzept vertraut sein, um ein besserer Bitcoin-Benutzer zu werden.

Stell Dir Deine Bitcoin-Adressen als die IP-Adressen Deines Computers vor, über die das Internet Daten an Dich senden kann.

Bitcoin-Adressen sehen in etwa so aus wie die folgende:

12rBqcTDCai3MHE3HMie4whkf9X8odffkH

Bitcoin-Adressen beginnen mit einer 1, 3 oder bc1, gefolgt von einer Zeichenkette aus zufälligen Zeichen. Während alle drei Adresstypen Bitcoin senden und empfangen können, ist es dennoch wichtig, den Unterschied zwischen ihnen zu verstehen.

Der Adresstyp, der mit einer 1 beginnt, wird als ***P2PKH-Adresse*** bezeichnet.

P2PKH steht für *Pay-to-PubKey-Hash*, was bedeutet, dass man für einen *Hash* des *Public Keys* des Empfängers zahlt. Dies ist das ursprüngliche Adressformat für Bitcoin, welches auch heute noch teilweise in Gebrauch ist. Transaktionen mit diesen Adressen sind umfangreicher und können höhere Netzwerkgebühren nach sich ziehen. Zudem sind sie nicht mit SegWit kompatibel und werden daher unter Bitcoin-Nerds eher als historisches Relikt als eine zeitgemäße Bitcoin-Adresse betrachtet.

Der nächste Adresstyp, der mit 3 beginnt, ist als ***P2SH-Adresse*** bezeichnet, oder auch: "*Pay-to-Script Hash*"-Adresse.

P2SH-Adressen ermöglichen eine größere Funktionalität im Vergleich zu P2PKH-Adressen. Die Skriptfunktion in P2SH wird am häufigsten für Multisignatur-Adressen (kurz „*Multi-Sig*") verwendet, bei denen mehrere Signaturen erforderlich sind, bevor eine Transaktion ausgeführt wird. Dieser Adresstyp kann verwendet werden, um Gelder sowohl an *SegWit*- als auch an Nicht-*SegWit*-Adressen zu senden.

Der letzte Adresstyp beginnt mit "bc1" und ist als ***Bech32-Adresse*** bekannt.

Bec32-Adressen sind ursprüngliche *SegWit*-Adressen, die von Natur aus effizienter bei der Nutzung von Speicherplatz auf der Blockchain (auch: „*Blockspace*") sind, was zu niedrigeren Transaktionsgebühren führt. Bec32-Adressen sind im Vergleich zu den beiden vorherigen Adresstypen länger. Da es sich um einen relativ neuen Adresstyp handelt, akzeptieren einige *Wallets* und Börsen möglicherweise nicht das Senden oder Empfangen von Bitcoins an diesen Adresstyp.

Wallets

Bitcoin-*Wallets* können im Allgemeinen in zwei große Kategorien eingeteilt werden, nämlich *Hot-* und *Cold-Wallets*. Es gibt verschiedene Arten von *Wallets* innerhalb dieser Kategorien, wie mobile, Desktop-, Hardware- und Papier-*Wallets*.

Obwohl sie *Wallets* genannt werden, funktionieren sie im Grunde wie persönliche Bankkonten für Deine Bitcoins, auf die Du Bitcoin transferieren und empfangen kannst. *Wallets* sind entweder verwahrend (***Custodial***) oder nicht verwahrend (***Non-Custodial***).

Custodial Wallets sind Wallets, bei denen Du nicht die Kontrolle über den Private Key hast. Vielmehr wird der *Private Key* von einem Dritten in Deinem Namen und somit für Dich kontrolliert. Diese Wallets ähneln traditionellen Bankkonten, bei denen die Konten auf Deinen Namen laufen, aber letztlich von den Finanzinstituten in Deinem Namen kontrolliert werden. Da die Gelder nicht direkt unter Deiner Kontrolle stehen, könnten diese Institutionen Deine Gelder jederzeit einfrieren oder beschlagnahmen.

Non-Custodial Wallets sind Wallets, über die nur Du verfügst und bei denen Du die Kontrolle über Deinen Private Key hast. Folglich kann niemand anderes Dir Deine sich darauf befindenden Krypto-Werte ohne Deine technische Erlaubnis wegnehmen - Du wirst im Grunde zu Deiner eigenen Bank. Daher musst Du aber auch die volle Verantwortung übernehmen und Vorsichtsmaßnahmen treffen, um die Gelder vor Dieben und Hackern zu schützen. Wenn Du die Kontrolle über Deinen *Private Key* verlierst, bedeutet das höchstwahrscheinlich den Totalverlust all Deiner Bitcoins ohne eine Möglichkeit auf Hilfe hierbei.

Es gibt keine richtigen oder falschen *Wallets*, wenn es um die Aufbewahrung Deiner Bitcoins geht. Jede Person sollte eine *Wallet* wählen, mit der sie sich wohlfühlt und alle Vorkehrungen treffen, um diese sicher aufzubewahren. Im Allgemeinen ist es ebenso eine gute Idee, Deine Gelder auf mehrere *Wallets* zu verteilen.

Wir werden die Unterschiede zwischen all diesen *Wallet*-Typen durchgehen. Am Ende dieses Kapitels wirst Du eine bessere Vorstellung davon haben, welche Arten von *Wallets* du verwenden solltest.

Hot Wallets

Hot Wallets sind Kryptowährungs-Wallets, die jederzeit mit dem Internet verbunden sind, daher sind die in solchen Wallets gespeicherten Gelder viel leichter zugänglich. Allerdings ist es etwas weniger sicher im Vergleich zu den *Cold Wallets*, da es mehr Angriffsvektoren für Hacker gibt.

Es gibt zwei Haupttypen von *Hot Wallets*, nämlich *Desktop- und mobile Wallets.* Wie die Begriffe vermuten lassen, sind *Desktop-Wallets* auf Computern und Laptops verfügbar, während *mobile Wallets* als Apps zum Herunterladen auf Smartphones verfügbar sind.

Auf der folgenden Seite werden wir einige der beliebtesten Desktop- und mobilen Geldbörsen durchgehen.

Desktop Wallets

■ Full Node Wallets

Bitcoin Core

Die erste *Bitcoin-Wallet*, die erstellt wurde, war eine *Desktop-Wallet*, die als ***Bitcoin Core*** bekannt ist, früher auch bekannt als ***Bitcoin-QT***. Um sie zu verwenden, musste man dafür die gesamte Bitcoin-Blockchain-Historie inkl. der Mining-Software herunterladen. Man benötigte dafür eine große Festplatte, um diese Wallet verwenden zu können, da die Bitcoin-Blockchain etwa 300 GB groß ist. Aufgrund der großen Blockchain-Größe kann es auch ein paar Tage dauern, die gesamte Blockchain herunterzuladen und zu synchronisieren.

Die Schritte zum Einrichten einer Bitcoin-Core-Wallet findest du in Kapitel 7.

■ *Simple Payment Verification* (SPV) Wallets

Der große Speicherplatz, der für den Download und die Nutzung von *Bitcoin Core* benötigt wird, kann für viele ein Hindernis darstellen. Daher wurden schon bald zur Erleichterung so genannte *Simple Payment Verification* (SPV)-Wallets entwickelt. Bei *SPV-Wallets* musst Du die gesamte Bitcoin-Blockchain nicht mehr herunterladen. Stattdessen wird der Zustand der Blockchain über einen entfernten Knoten (auch „*Node*" genannt) synchronisiert. Einige *SPV-Wallets*, die weit verbreitet sind, sind *Electrum*, *Exodus* und die *Atomic Wallet*.

Electrum Wallet

Die *Electrum Wallet* ist eine der ältesten *Desktop-Wallets*, die es gibt. Sie unterstützt mehrere Betriebssysteme und die Integration mit *Hardware-Wallets*. Leider unterstützt diese Wallet nur Bitcoin und ist nicht für andere Kryptowährungen zu verwenden. Sie ermöglicht Dir Adressen zu markieren sowie Transaktionsgebühren für jede Transaktion anzupassen und bietet auch Verschlüsselung. Obwohl die Benutzeroberfläche nicht sehr anfängerfreundlich ist, ist es immer noch eine vertrauenswürdige Wallet für Amateure und erfahrene Bitcoiner.

Exodus Wallet

Die Exodus Wallet ist nicht nur benutzerfreundlich, sondern auch grafisch sehr ansprechend aufgebaut. Neben Bitcoin ist sie der perfekte Speicher für derzeit 30 weitere Kryptowährungen. Für Transaktionen, die über die Wallet getätigt werden, werden Gebühren an das Netzwerk und nicht an Exodus gezahlt. Die Netzwerkgebühren werden automatisch berechnet, aber es kann mehr kosten als nötig, um die erforderliche Geschwindigkeit einer Transaktion zu gewährleisten. Allerdings ist der Sicherheitsaspekt hierbei nicht ganz so ausgeprägt, da diese Wallet keine Multi-Signatur-Adressen und Zwei-Faktor-Authentifizierung (2FA) unterstützt.

Atomic Wallet

Die *Atomic Wallet* unterstützt über 300 Kryptowährungen und ermöglicht es Benutzern mit einem bunten Portfolio an Kryptowährungen, ihre Vermögenswerte in einer einzigen Schnittstelle zu verwalten. Mit ihrer *Atomic Swap-Funktion* können Benutzer ebenso zwischen verschiedenen Kryptowährungen tauschen, ohne diesen Tausch über eine Börse vorzunehmen. Es fallen keine Gebühren für die *Wallet* an sich an, aber Netzwerkgebühren sind immer noch für die Überprüfung von Transaktionen erforderlich.

Mobile Wallets

Blockchain.com

Blockchain.com ist einer der beliebtesten Anbieter für mobile *Wallets,* der neben Bitcoin auch andere Kryptowährungen unterstützt und über einen *Swap* [2], einen In-Wallet-Krypto-zu-Krypto-Austausch, verfügt. Mit bis zu drei Stufen an fortgeschrittenen Sicherheitsfunktionen und einer intuitiven Benutzeroberfläche bietet *Blockchain.com* ein hohes Maß an Privatsphäre und ist auch für Anfänger leicht zu bedienen.

Die Schritte zum Einrichten einer Blockchain.com-Geldbörse findest Du in Kapitel 6.

---

[2] Swap = Ein Tausch von der einen Kryptowährung in eine andere. Ein Beispiel hierfür wäre, wenn Du auf Deiner Wallet einen Wert von 1 Bitcoin in Ether (Ethereum) tauschen würdest. Du kannst also mit solch einem Swap eine Transaktion durchführen, ohne den Service einer Kryptowährungsbörse in Anspruch nehmen zu müssen.

Samourai

Die *Samourai-Wallet* betrachtet sich selbst als eine *Wallet*, die die Sicherheit auf eine andere Ebene bringt. Sie verfügt über zahlreiche Datenschutzfunktionen wie den "Stealth-Modus", der jede Spur der Existenz von *Samourai* auf Deinem Gerät vollständig verbirgt. Allerdings unterstützt diese *Wallet* nur Bitcoin und ist nur für Android-Geräte verfügbar.

Die Schritte zum Einrichten einer Samourai-Geldbörse findest Du in Kapitel 7.

Coinbase Wallet

Mit der Unterstützung für verschiedene Kryptowährungen, digitale Sammlerstücke (NFTs) und über 50 verschiedenen Fiat-Währungen ist diese *Wallet* einfach zu bedienen und auf den meisten Geräten verfügbar. Es gibt hierbei eine Zwei-Faktor-Authentifizierung, die die Sicherheit erhöht. Während die Netzwerkgebühren für Transaktionen bleiben, gibt es keine weiteren Gebühren für Transaktionen zwischen anderen *Coinbase-Wallets*.

Die Schritte zum Einrichten einer Coinbase-Brieftasche findest Du in Kapitel 5.

■ Cold Wallets

Cold Wallets sind Kryptowährungs-Wallets, die sich für die Speicherung großer Mengen von Bitcoin eignen. Da sie nicht mit dem Internet verbunden sind, sind sie sicherer und schwieriger für Hacker anzugreifen.

Es gibt zwei Haupttypen von *Cold Wallets*: *Hardware-* und *Papier-Wallets*. *Hardware-Wallets* sind physische Geräte, die speziell zum Speichern von Kryptowährungen verwendet werden, während *Papier-Wallets* Materialien sind, die mit den privaten Bitcoin-Schlüsseln (*Private Keys*) bedruckt sind.

Im Folgenden werden wir einige der beliebtesten *Hardware-* und *Papier-Wallets* durchgehen.

■ Hardware Wallets

Eine *Hardware-Wallet* ist ein physisches Gerät, das ausschließlich zum Speichern von Kryptowährungen dient - in diesem Fall *Bitcoin*. *Hardware-Wallets* bewahren dabei die *privaten Schlüssel* (*Private Keys*) getrennt von Geräten mit Internetanschluss auf, was das Risiko einer Kompromittierung Deiner Wallet verringert.

Bei *Hardware-Wallets* werden die *Private Keys* in einer sicheren Offline-Umgebung aufbewahrt, selbst wenn das Gerät an ein mit Malware infiziertes Gerät angeschlossen ist. Während *Hardware-Wallets* physisch gestohlen werden können, sind sie dennoch nicht zugänglich, wenn der Dieb Deinen individuellen Passcode nicht kennt. In dem unglücklichen Fall, dass Deine Hardware-Wallet beschädigt oder gestohlen wird, kannst Du Deine Gelder immer noch wiederherstellen, wenn Du Dir vor dem Verlust einen geheimen Sicherungscode erstellt hast.

Die Top-Hersteller von *Hardware-Wallets* sind im Moment *Ledger* und *Trezor*, obwohl in letzter Zeit immer mehr Anbieter auf den Markt drängen. In diesem Buch werden wir uns mit den bisher bekanntesten Modellen von *Ledger* und *Trezor* beschäftigen.

Hardware-Wallets können teuer sein, mit Preisen von 50 bis über 300 Euro. Einige *Hardware-Wallets* enthalten einen Bildschirm, der es Dir ermöglicht, wichtige Details der *Wallet* zu überprüfen. Im Folgenden findest Du einige der beliebtesten *Hardware-Wallets*, die zum Kauf angeboten werden. Hinweis: Alle Preise waren zum Erscheinen dieses Buchs gültig (Stand .28.06.2021):

Ledger Nano S

Hergestellt aus Edelstahl und dennoch leicht im Gewicht, unterstützt der *Ledger Nano S* mehrere Kryptowährungen und ist kompatibel mit vielen Software-Wallets und dezentralen Anwendungen (*DApps*). Mit einem Preis von 59 Euro ist es eine erschwingliche *Wallet* für Anfänger und verwendet einen Micro-USB-Anschluss.

Ledger Nano X

Ähnlich wie der *Nano S* unterstützt diese Hardware-*Wallet* mehr als 1.500 Kryptowährungen und kann bis zu 100 Anwendungen speichern. Der Hauptunterschied ist, dass der *Ledger Nano X* mit einer Bluetooth-Konnektivität kommt, was es noch einfacher macht, Deine Bitcoins unterwegs zu verwalten. Im Gegensatz zum *Nano S* verwendet er einen Typ-C USB-Anschluss. Mit einem Preis von 119 Euro wäre diese *Wallet* eine nützliche Option für zukünftige Upgrades.

Trezor One

Als eine der ersten *Hardware-Wallets* auf dem Markt, ist die *Trezor One* eine gute Wahl für Anfänger und Erfahrene gleichermaßen, mit Unterstützung für über 1.000 verschiedene Arten von Kryptowährungen. Gebaut mit einem anderen Formfaktor, ähnlich wie ein Autoschlüssel und nicht wie ein USB-Stick, passt diese *Wallet* in fast jede Hosentasche. Der *Trezor One* kann mit Zwei-Faktor-Authentifizierungsschlüssel verwendet werden und nutzt einen Micro-USB-Anschluss. Der derzeitige Preis liegt bei 58 Euro.

Trezor Model T

Mit einem Farb-LCD-Touchscreen-Display und einem magnetischen Dock ist das *Trezor Model T* eine der High-End-Optionen für *Hardware-Wallets*. Es unterstützt im Vergleich zum Trezor One noch mehr Kryptowährungen und verfügt über einen microSD-Slot. Allerdings ist diese *Wallet* auch nicht die günstigste. Bei 177 Euro für diese *Wallet* ist sie eher für erfahrene Anleger geeignet.

■ Paper Wallets

Im Kern geben Dir *Paper Wallets* den vollständigen Besitz und Zugriff auf Deine Bitcoins. Solange Du den privaten Schlüssel zu einer Bitcoin-Adresse hast, kannst Du Deine Bitcoins darin bewegen. Solange Du und niemand anderes den *Private Key* besitzt, bist Du der rechtmäßige Besitzer der Bitcoins.

Paper-Wallets können ebenso leicht und unkompliziert an Freunde und Familie weitergegeben werden, ohne dass ein Computer oder eine Software eingerichtet werden muss. Stell Dir vor, Du bekommst eine *Wallet* mit Bitcoin als Weihnachtsgeschenk. Das wäre doch ein tolles Geschenk!

Allerdings ist die sichere Aufbewahrung von *Paper Wallets* enorm wichtig - wer auch immer Zugang zu einer *Paper Wallet* hat, kann die Kontrolle über alle dort gespeicherten Bitcoins übernehmen, indem er die Bitcoin auf eine Wallet sendet, die er selbst kontrolliert.

Paper Wallets werden am besten auf einem brandneuen PC erstellt, der noch nicht mit dem Internet verbunden war. Es wird nicht empfohlen, eine *Paper Wallet* zu verwenden, die auf einer Website gehostet wird, da die Website gehackt werden; ein Hacker dann Deinen *Private Key* ausspionieren und alle Bitcoin, die in Zukunft an Deine Wallet gesendet werden, mitnehmen könnte.

Paper Wallets sind generell nicht zu empfehlen, da man die *Wallet* immer noch ausdrucken muss, was wiederum eine weitere Angriffsebene für Hacker eröffnet. Außerdem sind gedruckte *Paper-Wallets* dem Verschleiß unterworfen. Stell Dir vor, Du wachst eines Tages auf und stellst fest, dass Deine *Paper Wallet* durch Insekten, Wasser, Feuer oder andere Naturelemente beschädigt wurde!

Häufige Risiken bei Bitcoin

Wenn Du Geld auf einem Bankkonto aufbewahrst, soll das Geld durch die Bank gesichert sein. Zusätzlich bieten einige Regierungen wie Deutschland auch eine zusätzliche Garantie gegen Bankausfälle an. Geht eine Bank innerhalb der Europäischen Union (EU) bankrott, sind Einlagen wie Guthaben auf dem Girokonto, Tages- und Festgeld bis zu 100.000 Euro pro Kunde und Bank gesetzlich abgesichert.

Wenn es jedoch um die Aufbewahrung von Bitcoin geht, bist Du voll und ganz für die Sicherheit verantwortlich. Während es möglich ist, Deine Bitcoins bei einer Börse oder in einer *Depot-Wallet* (wie eine Bank) zu speichern, gibt es keine Garantie, dass Deine Bitcoins dort sicher gehalten werden. Leider haben auch im Laufe der letzten Jahre viele Hacks stattgefunden. Hier sind einige der üblichen Risiken, die im Bitcoin-Ökosystem existieren:

Ein Hacker-Angriff auf eine zentralisierte Börse

Wenn Du Deine Bitcoins auf einer zentralisierten Börse lagerst, vertraust Du im Wesentlichen darauf, dass die Börse Deine Bitcoins für Dich sichert;Du hast keinen Zugang zu Deinem *Private Key*, den hat der Börsenbetreiber. Das ist nicht unbedingt die beste Idee, besonders angesichts der Anzahl von Hacks, die seit der Einführung von Bitcoin bereits stattgefunden haben.

Die meisten Börsen halten einige Gelder in so genannten *Hot Wallets*, die ständig von Hackern angegriffen werden können. Der größte Hack, der je stattgefunden hat, ist der berüchtigte Mt. Gox-Hack, der Anfang 2014 stattfand. Dieser Hack führte zum Verlust von 850.000 Bitcoins im Wert von ca. 450 Millionen US-Dollar zum Zeitpunkt des Vorfalls. Heute wäre diese Anzahl von Bitcoins bei einem Kurs von 50.100 Euro ca. 42 Milliarden Euro. Seitdem haben ebenso mehrere andere Hacks bei anderen zentralisierten Plattformen stattgefunden.

In der Krypto-Szene gibt es den Spruch: „**Not your Keys, not your Coins**“, was bedeutet, dass - wenn Du nicht den *Private Key* hast - Dir auch die Kryptos nicht wirklich gehören.

Ein Phishing-Angriff

Phishing ist eine der häufigsten Methoden, die von Angreifern verwendet werden, wenn sie versuchen, Bitcoin oder andere Kryptowährungen zu stehlen. Es ist eine Methode, bei der potenzielle Ziele von einem Angreifer kontaktiert werden und bei dem sich die Angreifer als Vertreter einer Institution oder einer Firma ausgeben. Die Angreifer versuchen dann, das Opfer davon zu überzeugen, vertrauliche Informationen wie den *Private Key*, *Seed-Phrasen* und/oder Passwörter herauszugeben.

Einige Dinge, auf die Du achten solltest, um nicht Opfer eines Phishings zu werden, sind:

1. Wenn das Angebot zu gut ist, um wahr zu sein, handelt es sich wahrscheinlich um einen Betrug. Eines der beliebtesten Angebote ist: Sende uns 1 BTC an diese Adresse X und erhalte dafür 2 BTC zurück. Warum sollte das eigentlich jemand Dir anbieten?
2. Ein so genannter "Projektvertreter" oder ein Kundenservice, der Dich um die Nennung Deines *Private Keys* oder Deiner *Seed-Phrasen* bittet, um Dir bei einem Problem mit Deinen Kryptowährungen zu helfen. Vertreter von Unternehmen werden Dich nicht direkt ansprechen, um Geld an eine Adresse zu senden.
3. Phishing-Webseiten. Angreifer können beliebte Websites mit einem sehr ähnlichen Hyperlink kopieren, um ihre Opfer zur Eingabe vertraulicher Informationen zu bewegen. Überprüfe immer die URL doppelt, bevor Du mit der Eingabe von Daten beginnst.

Die Grundprinzipien für den sicheren Umgang mit Bitcoin

Um Deine Bitcoins besser zu schützen, ist es wichtig, dass Du gute Sicherheitspraktiken anwendest und Dir über diese auch bewusst bist. Hier sind einige Vorsichtsmaßnahmen und Schritte, die Du ergreifen könntest.

Ein Passwort-Manager

Hacking-Vorfälle bei Online-Webportalen sind in den letzten Jahren immer häufiger aufgetreten. Im Dark Web verkaufen Hacker sogar häufig die Passwörter von Online-Konten, die sie von gehackten Webportalen ergattern konnten.

Da die meisten Menschen dieselben Passwörter für mehrere Online-Konten verwenden, kann ein solcher Passwortdiebstahl auf der einen Internetseite auch Deine Konten auf anderen Seiten gefährden. Wenn Du beispielsweise Bitcoin auf einer Krypto-Börse lagerst und dasselbe Passwort bei einer anderen Krypto-Börse wiederverwendest, wäre es für einen Hacker ein Leichtes, auf all diese Konten zuzugreifen und die dort befindlichen Bitcoins an sich zu reißen.

Du könntest z. B. die Website ***Have I Been Pwned*** (https://haveibeenpwned.com/) verwenden, um zu überprüfen, ob Dein Konto bei einem früheren Hacking-Vorfall bereits betroffen war. Auf dieser Website kannst Du ebenso eine Liste vergangener Hacking-Vorfälle sehen. Wenn Deine E-Mail-Adresse dort aufgeführt werden sollte; änderst Du am besten heute noch die Kennwörter aller wichtigen Websites, bei denen Du ähnliche Kennwörter verwendest.

Um das Risiko zu minimieren, ist es ebenso eine gute Idee, für jedes Online-Konto ab sofort unterschiedliche Passwörter zu verwenden - sollte einer dieser Dienste gehackt werden, würde dies nicht die Sicherheit der anderen Online-Konten gefährden.

Passwort-Manager wie *1Password* oder *LastPass* können Dir helfen, die Hunderte von verschiedenen Passwörtern zu verwalten, die für all die unterschiedlichen Online-Konten benötigt werden. Diese Passwort-Manager können Dir nicht nur helfen, starke und einzigartige Passwörter für alle Deine genutzten Online-Dienste zu generieren, sondern sie können auch alle Deine unterschiedlichen Anmeldeinformationen speichern und verschlüsseln. Alles, was Du Dir lediglich merken musst, ist ein starkes Master-Passwort, um auf Deinen gesamten Passwort-Tresor zuzugreifen.

Zwei-Faktor-Authentifizierung

Um die Sicherheit Deiner Online-Konten weiter zu erhöhen, solltest Du – wann immer möglich – auch die Zwei-Faktor-Authentifizierung (2FA) aktivieren. 2FA ist eine zusätzliche Sicherheitsebene, die man während des Anmeldevorgangs durchlaufen muss. Sie erfolgt in der Regel in Form eines 6-stelligen Codes, der auf einem zweiten Gerät, in der Regel Deinem Smartphone, generiert wird.

Mit 2FA kann ein Hacker, der Deinen Benutzernamen und das dazugehörige Passwort herausgefunden hat, nicht auf Dein Konto zugreifen, es sei denn, er hat auch Deinen 2FA-Code, der alle paar Sekunden zurückgesetzt wird und durch einen neuen ersetzt wird. Es ist äußerst wichtig, dass Du Deinen 2FA-Code auch niemals an andere Personen weitergibst.

2FA-Codes können per SMS oder über eine Authentifizierungs-App wie *Google Authenticator* oder *Authy* generiert werden. Die SMS-basierte 2FA wird im Allgemeinen als schwächere Form der 2FA angesehen, da sie so genannten SIM-Swap-Attacken ausgesetzt ist, bei denen sich der Hacker als Dich ausgibt, um Deinen Telekommunikationsanbieter dazu zu bringen, Deine SIM-Karte mit einem anderen Gerät auszutauschen. Sobald er beim Telekommunikationsanbieter glaubhaft genug war, kann er von nun an den 2FA-Code erhalten und Du bist von nun an ausgeschlossen.

2FA ist für die meisten Vermittlungsstellen aufgrund der hohen Anzahl von Hacking-Vorfällen obligatorisch. Obwohl 2FA einen zusätzlichen, unbequemen Schritt während des Anmeldevorgangs hinzufügt, hilft es, Dein Konto wesentlich besser zu sichern.

Nicht verwendete Browser-Erweiterungen entfernen

Bei vielen Webbrowsern kannst Du durch die Installation von Erweiterungen (so genannte „Extensions“) weitere Funktionen hinzufügen und Dein Surferlebnis personalisieren. Bei *Google Chrome* werden diese kleinen Programme als Chrome-Erweiterungen bezeichnet.

Du findest diese z. B. unter
https://chrome.google.com/webstore/category/extensions?hl=de

Obwohl Chrome-Erweiterungen unser Web-Browsing-Erlebnis verbessern, sollte man hier trotzdem etwas vorsichtig sein, da einige Erweiterungen von diesen durchaus bösartig sein und von Hackern verwendet werden können, um Daten von Deinen Geräten zu verändern oder zu stehlen. Diese bösartigen Erweiterungen können Keylogger oder Phishing-Tools sein, die entwickelt wurden, um Passwörter und *Private Keys* zu stehlen.

Wenn es notwendig ist, eine Erweiterung zu verwenden, ist es eine gute Idee, die Erweiterung in einem anderen Chrome-Benutzerprofil zu installieren, das von Deinem täglichen Browsing getrennt ist. Auf diese Weise ist die Erweiterung, falls sie bösartig ist, an ein bestimmtes Chrome-Konto gebunden. Es ist auch sinnvoll, die von der Erweiterung angeforderten Berechtigungen zu überprüfen, um sicherzustellen, dass die angeforderten Berechtigungen innerhalb der Parameter liegen, die für die Ausführung ihrer Aufgaben erforderlich sind.

Klicke nicht auf Ads!

Es gibt zahlreiche Phishing-Webseiten, die Benutzer dazu verleiten, sie über Werbung auf Google, Youtube, Facebook und anderen beliebten Plattformen zu besuchen. Viele Anzeigen sehen legitim aus, sind aber darauf ausgelegt, Deine privaten Schlüssel zu extrahieren, damit Hacker Deine Bitcoins stehlen können.

Hier ein Beispiel: Wenn Du auf Google nach *Blockchain.com* suchst, werden als Anzeigen getarnte Phishing-Links über der echten Website angezeigt.

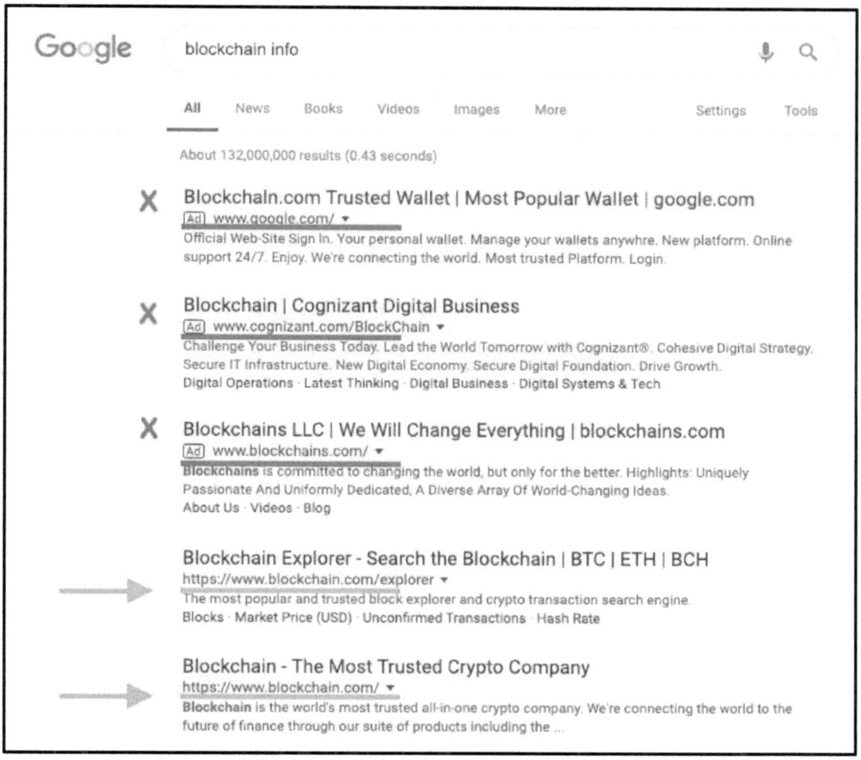

Obwohl es einfacher ist, ist es äußerst riskant, auf das erste Ergebnis der Google-Suche für kryptowährungsbezogene Begriffe zu klicken. Bitcoin-Webseiten, die Du häufig nutzt, wie die Seite Deiner Krypto-Börse- oder diverse Wallet-Webseiten, sollten verifiziert und mit Lesezeichen versehen werden, um sicherzustellen, dass Du auch in Zukunft jederzeit auf der richtigen Webseite bist.

Denke auch daran, dass es für diese Websites keine Notwendigkeit gibt, Deinen *Private Key* zu kennen, aus welchem Grund auch immer. Daher solltest Du – auch wenn wir uns hier wiederholen – Deinen *Private Key* niemals an jemanden weitergeben, selbst wenn Du dazu aktiv aufgefordert werden solltest.

Verwende Metall-Backup-Hilfen!

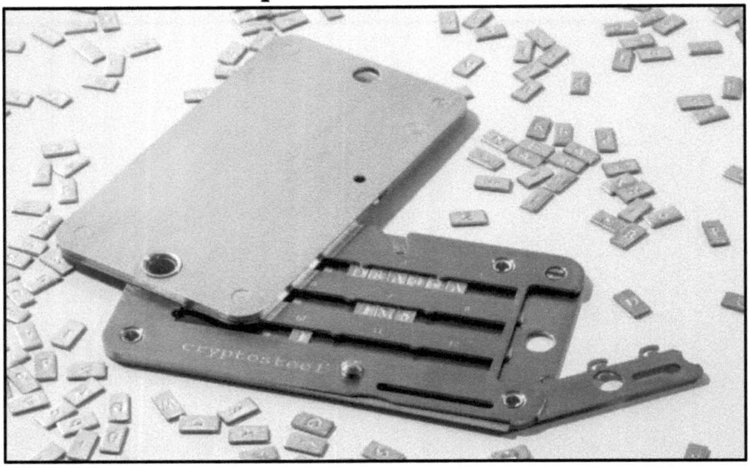

Wenn Du einige Bitcoin in einer *Non-Custodial Wallet* gespeichert hast, dann stehen die Chancen gut, dass Du die einzige Person bist, die Zugriff auf den *Private Key* und Deine *Seed-Phrase* hat. Daher ist die ordnungsgemäße Aufbewahrung der sensiblen Informationen einer der ersten Schritte, um Deine Gelder sicher aufzubewahren.

Du kannst Deine *Seed-Phrase* auf ein Stück Papier schreiben und an einem sicheren Ort aufbewahren, aber dies ist aufgrund der natürlichen Abnutzung des Materials nicht unbedingt ideal.

Um die *Seed Phrase* sicher vor natürlichen Elementen zu schützen, solltest Du in Erwägung ziehen, Deine *Seed Phrase* auf einem Metallgerät aus rostfreiem Stahl aufzubewahren, das vor Feuer, Wasser, Insekten, Säure und anderen natürlichen Elementen geschützt ist.

Einige bekannte Unternehmen, die solche Metallgeräte herstellen, sind *Cryptosteel*, *Cryptotag Zeus* und *Cobo Tablet*. Diese Produkte haben die Form von Kapseln und Kassetten und ermöglichen es Dir, Deine *Seed Phrase* in eine hochresistente Hülle einzuschließen, die maximale Langlebigkeit gewährleistet.

Die Zusammenfassung

Hacker sind immer auf der Suche nach potenziellen Zielen, um sich an anderen zu bereichern. Daher ist es wichtig, dass Du deine Bitcoin-*Wallets* sicher und geschützt aufbewahrst. Hardware-Wallets wie *Trezor* oder *Ledger* sind für die Bitcoin-Speicherung sehr zu empfehlen, da die Gelder offline gespeichert werden. Dies reduziert das Risiko, angegriffen zu werden, erheblich und sollte die primäre Methode für Dich sein, die meisten Deiner Bitcoins zu speichern.

Es wird auch empfohlen, dass Du die *Seed-Phrase*, die verwendet wird, um die Hardware-Wallet zu generieren, mit einem Metall-Speicher-Backup-Tool wie *Cryptosteel* sicherst. Diese Produkte wurden speziell entwickelt, um Deine *Seed-Phrase* auf eine schützende Art und Weise zu speichern.

Obwohl wir einige *Wallets* gegenüber anderen empfohlen haben, ist es nicht notwendig, sich auf die Verwendung nur einer *Wallet* zu beschränken. Es kann sogar besser sein, mehrere verschiedene *Wallets* zu verwenden, anstatt alle Ihre Gelder in einer *Wallet* zu deponieren.

Du könntest zum Beispiel den Großteil Deiner Gelder, die Du nicht täglich nutzen möchtest, in eine *Cold Wallet* wie *Trezor* legen. Gelder, die für den aktiven Gebrauch, wie z.B. den Handel, vorgesehen sind, können in *Hot Wallets* wie z.B. Deinem Konto bei einer zentralen Börse platziert werden.

Letztendlich hängt die Entscheidung von Dir ab, welche *Bitcoin-Wallets* Du verwenden möchtest. Kriterien sind sicher hierbei auch der eigene Komfort und die Vorlieben, die man hat. Du solltest jeden Anwendungsfall bewerten und die Vor- und Nachteile jeder Art von *Wallet* abwägen, um die bestmögliche Entscheidung zu treffen.

Kapitel 5: Wie Du Deine ersten Bitcoin bekommst!

Nun, da Du bereits die Grundlagen kennst, wie Bitcoin funktioniert, ist es an der Zeit zu lernen, wie Du Deine ersten Bitcoins bekommen und wie Du sie sicher aufbewahren kannst. Es gibt drei generelle Möglichkeiten, Bitcoin zu bekommen: kaufen, verdienen und schürfen bzw. minen. Wir werden uns jede dieser Methoden in diesem Kapitel genauer ansehen.

Bitcoin kaufen

Der einfachste Weg, Deinen ersten Bitcoin zu bekommen, ist es ihn direkt zu kaufen. Du könntest ihn von einem Freund oder von einem Kryptowährungsmakler, einer Börse oder einem Peer-to-Peer (P2P)-Marktplatz kaufen.

Kryptowährungsmakler, Börsen und P2P-Marktplätze sind Websites, auf denen man Bitcoin kaufen oder verkaufen kann. Du kannst Dir all diese Anlaufstellen als Online-Geldwechsler vorstellen, die Dir den Umtausch von Fiat-Währungen wie den Euro in Bitcoin und umgekehrt erleichtern.

Solche Kryptowährungsmakler machen es einfach, Bitcoin zu kaufen oder zu verkaufen, da sie das Orderbuchkonzept abstrahieren und nur den aktuellen Kauf- und Verkaufspreis anzeigen. Die Einfachheit, die Kryptowährungsmakler anbieten, kommt zu einem Preis von höheren Transaktionsgebühren im Vergleich zu Kryptowährungsbörsen.

Kryptowährungsbörsen sind auf der anderen Seite günstiger, aber auch dafür oft komplexer. Benutzer müssen mit einem Orderbuch interagieren, um Kauf- oder Verkaufsaufträge zu platzieren, ein Prozess, der für die meisten Anfänger entmutigend sein kann. Einige beliebte Börsen, die sich an erfahrene Investoren wenden, sind *Coinbase Pro*, *Kraken*, *Gemini* und *Bitstamp*.

Orderbuch

Ein Orderbuch ist eine elektronische Liste von Kauf- und Verkaufsaufträgen. Es listet die Anzahl der Einheiten auf, die zu jedem Preispunkt zum Verkauf **(Ask)** oder zum Kauf **(Bid)** angefordert werden. Ein Orderbuch fasst alle aktuell an der Börse verfügbaren Kauf- und Verkaufsaufträge zusammen.

Du kannst hierbei zum besten aktuell verfügbaren Preis kaufen oder verkaufen (**Market Order**) oder einen Preis festlegen, zu dem Du zu kaufen oder zu verkaufen bereit bist (**Limit Order**). Wenn Du eine Market Order erteilst, wirst Du als Maker bezeichnet, und wenn Du zum besten derzeit verfügbaren Preis kaufst, als Taker bezeichnet wirst. Die Börsen verlangen in der Regel eine niedrigere Gebühr für Maker im Vergleich zu Takern.

P2P-Marktplätze funktionieren ähnlich wie *eBay* - die Benutzer können den Preis, zu dem sie bereit sind, Bitcoin zu kaufen oder zu verkaufen, frei einstellen. Im Gegensatz zu Kryptowährungsbörsen, die alle Kauf- und Verkaufsaufträge in einem Orderbuch zusammenfassen, fassen P2P-Marktplätze diese Aufträge nicht zusammen und Du musst aktiv die Person auswählen, mit der Du handeln möchtest. Das Reputationssystem auf P2P-Marktplätzen ist enorm wichtig, da die Zuverlässigkeit des Verkäufers bei der Lieferung der Bitcoin oder Fiat-Währungen, sobald der Handel abgeschlossen ist, eine entscheidende Rolle spielt. Einige Beispiele für P2P-Marktplätze sind *LocalBitcoins*, *Remitano* und *Paxful*.

Im Allgemeinen wird der Kauf Deiner ersten Bitcoins von einer regulierten Kryptowährungsbörse gegenüber den anderen aufgeführten Möglichkeiten empfohlen. Durch die Regulierung der Kryptowährungsbörsen, gibt es auch eine Due Diligence durch die Finanzaufsichtsbehörden mit strengen Prozessen und einer gewissen gesetzlichen Sicherheit für Dich. Darüber hinaus ist der Kundensupport in der Regel besser und wenn etwas schief geht, könntest Du Dich immer auch an eine Regulierungsbehörde wenden.

Kauf auf Kryptowährungsbörsen

In diesem Abschnitt erfährst Du, wie Du Deinen ersten Bitcoin bei Coinbase kaufen kannst. Die Plattform ermöglicht Dir den Bitcoin-Kauf per Banküberweisung und Kreditkarte, wobei die Gebühren zwischen 1,49% bis 3,99% liegen.

Um Bitcoin zu kaufen, musst Du einen so genannten Know-Your-Customer (KYC)-Prozess durchlaufen, bei dem Du Deine Identität verifizieren musst, indem Du verschiedene persönliche Informationen wie rechtmäßigen Namen, Adresse, Führerschein oder Reisepass und z. B. eine Strom- oder Handyrechnung einreichen musst. Der Verifizierungsprozess kann ein paar Tage dauern, aber sobald Du verifiziert bist, kannst Du problemlos Bitcoins mit Deiner lokalen Fiat-Währung kaufen.

Coinbase

Schritt 1: Registriere Dich auf *Coinbase* für Dein eigenes *Coinbase*-Konto.

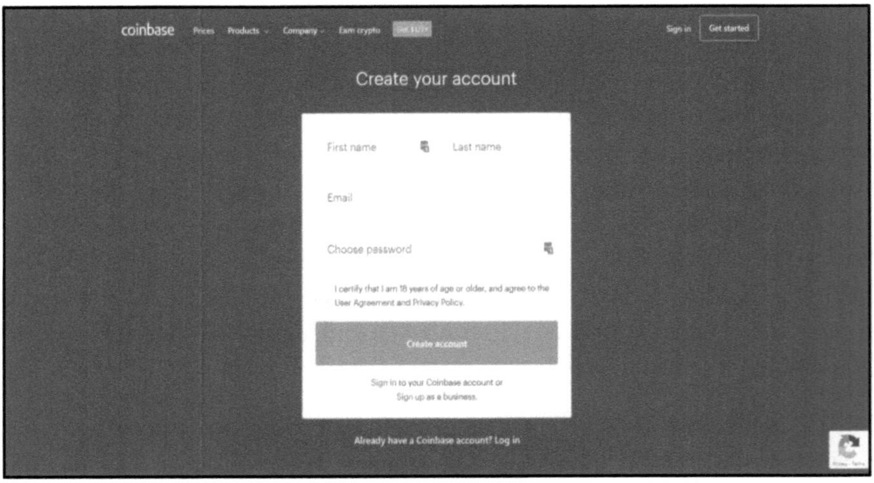

Schritt 2: Überprüfe den Posteingang Deiner E-Mail-Adresse.

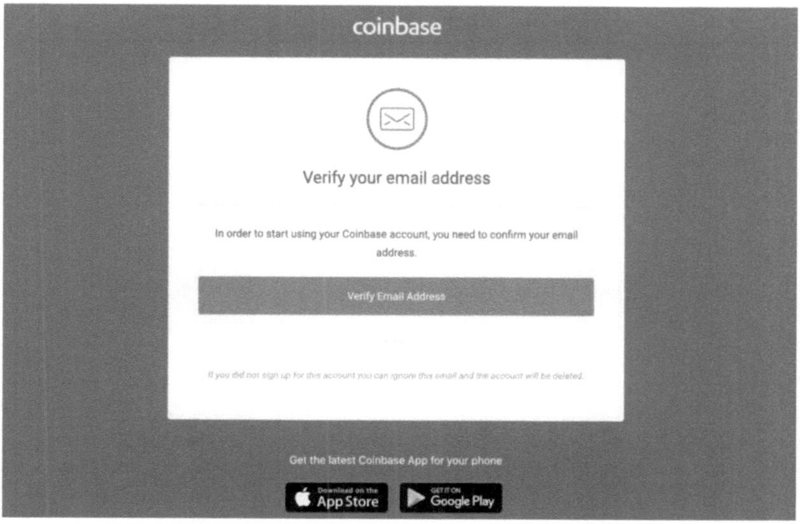

Schritt 3: Richte Dir Deine zweistufige Verifizierung über Dein Mobiltelefon ein.

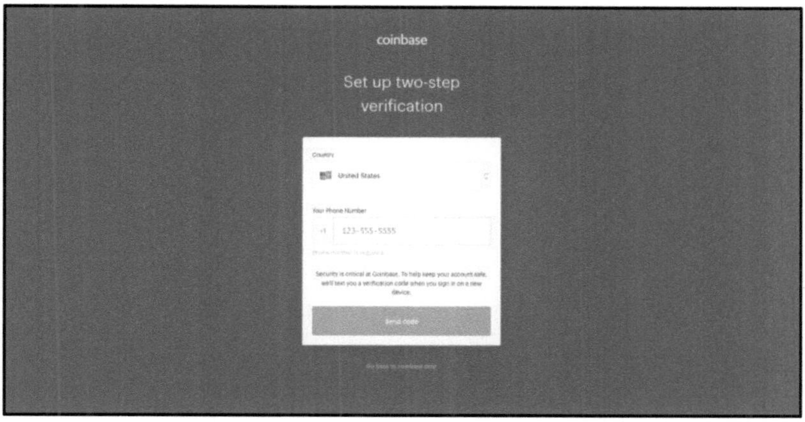

Schritt 4: Bestätige Deine Identität (Deine Ausweisdokumente sind hierfür erforderlich).

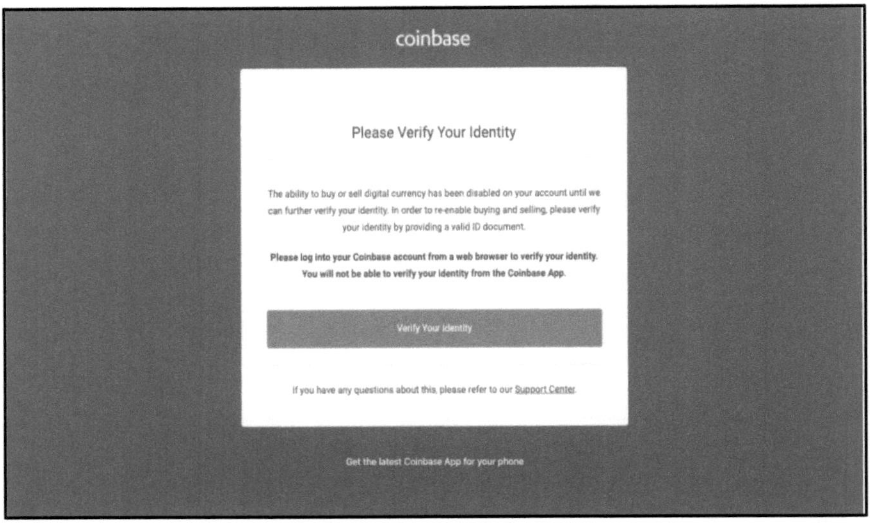

Schritt 5: Klicke auf Dein Profilbild in der oberen rechten Ecke und gehe zu "Einstellungen", um die Zwei-Faktor-Authentifizierung zu aktivieren.

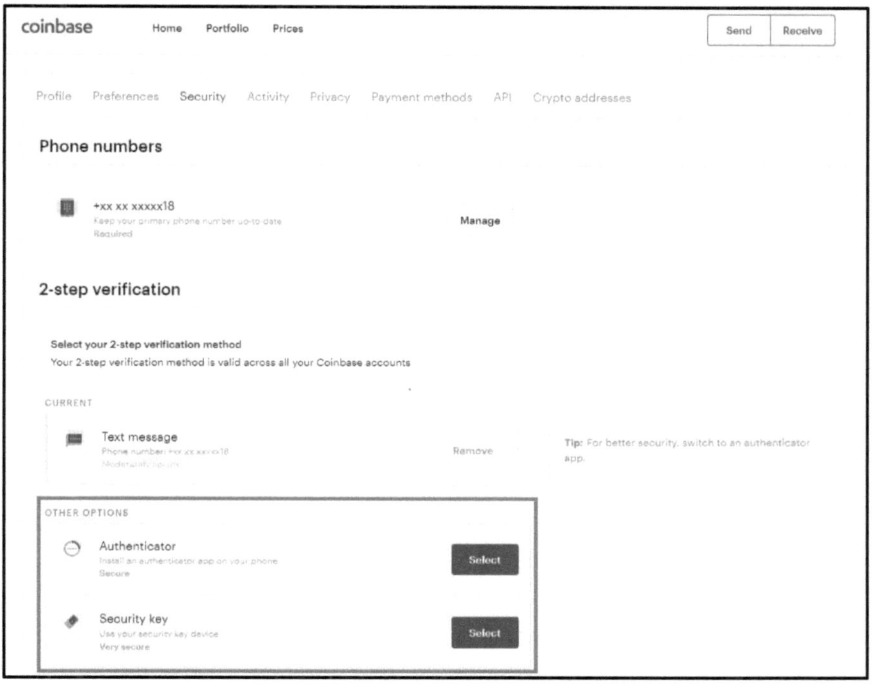

Schritt 6: Füge eine Zahlungsmethode zu Deinem Konto hinzu.

Schritt 7: Klicken auf "Trade" in der oberen rechten Ecke des Dashboards und wähle die Kryptowährung aus, die Du gerne kaufen würdest.

Schritt 8: Bestätige die Kaufdetails und klicke auf "Jetzt kaufen", um Deinen Kauf abzuschließen.

Viele Kryptowährungsbörsen sind in den meisten Ländern verfügbar, wobei jede Börse verschiedene Fiat-Währungen unterstützt. Je nach Gerichtsbarkeit sind einige Kryptowährungsbörsen reguliert und einige nicht. Du musst hierfür Deine eigenen Nachforschungen anstellen, indem Du die regulatorische Ressourcen überprüfst und versuchst Dein Risikotoleranzniveau einzuschätzen, bevor Du mit dem Kauf beginnst.

Ähnlich wie bei Kryptowährungsmaklern musst Du den KYC-Prozess durchlaufen, bevor Du Deine ersten Bitcoins an einer Börse kaufen kannst. Ein paar bemerkenswerte Plattformen umfassen *Coinbase Pro, Kraken und Gemini.*

Lass uns als praktisches Beispiel hier noch durch den Kaufprozess von Bitcoin bei Kraken gehen.

Kraken

Kraken ist eine der größten Kryptowährungsbörsen der Welt, die in über 170 Ländern vertreten ist und mehr als 40 verschiedene Kryptowährungen unterstützt. Im Jahr 2020 wurde Kraken die erste Kryptobörse, die eine Banklizenz in den Vereinigten Staaten erhielt.

Kraken hat umfangreiche Handelspaare für eine Vielzahl an Fiat-Währungen und beherbergt verschiedene Arten von Konten, so dass Du hier fündig werden wirst. Hier zeigen wir Dir die notwendigen Schritte, um Bitcoins auf Kraken zu kaufen.

Schritt 1: Gehe auf www.kraken.com und klicke auf die Schaltfläche *Konto erstellen.*

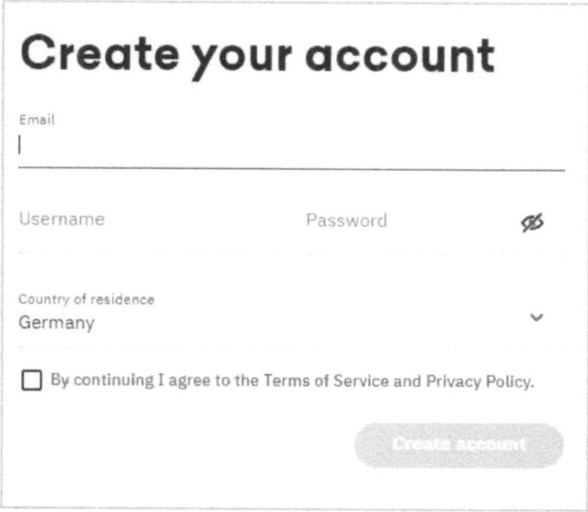

Schritt 2: Aktiviere Dein Konto mit dem Code, den Du per E-Mail erhalten hast.

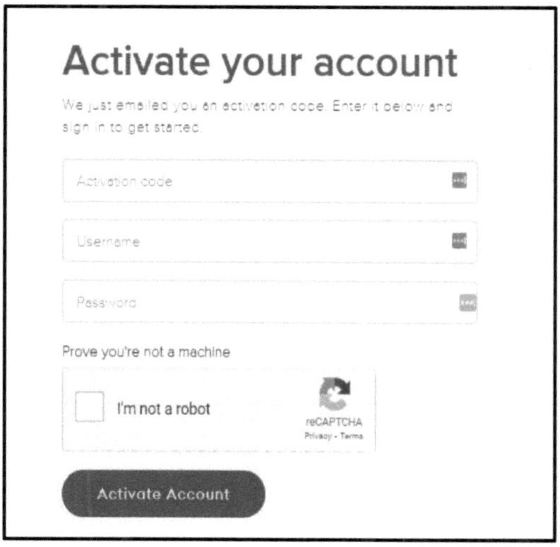

Schritt 3: Um Bitcoin mit Fiat zu kaufen, musst Du das Zwischenkonto auswählen und Deine Identität durch Hochladen eines amtlichen Ausweises und eines Wohnsitznachweises verifizieren. Es kann bis zu 24 Stunden dauern, bis Dein Konto verifiziert ist.

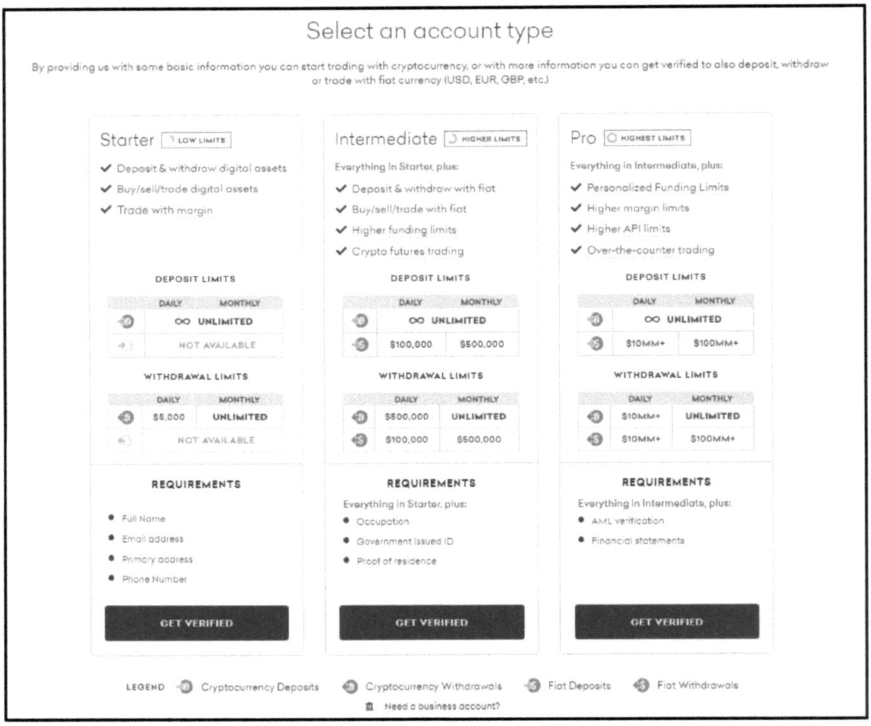

Schritt 4: Als nächstes richtest Du hier Deine Zwei-Faktor-Authentifizierung (2FA) ein, um Dein Kraken-Konto zu sichern.

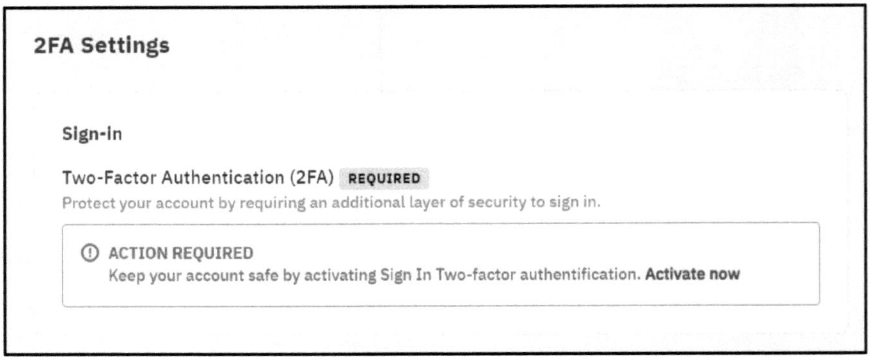

Schritt 5: Sobald du Deine Zwei-Faktor-Authentifizierung eingerichtet hast, bist Du bereit, Bitcoin zu kaufen. Klicke auf die Schaltfläche "Krypto kaufen", um mit dem nächsten Schritt fortzufahren.

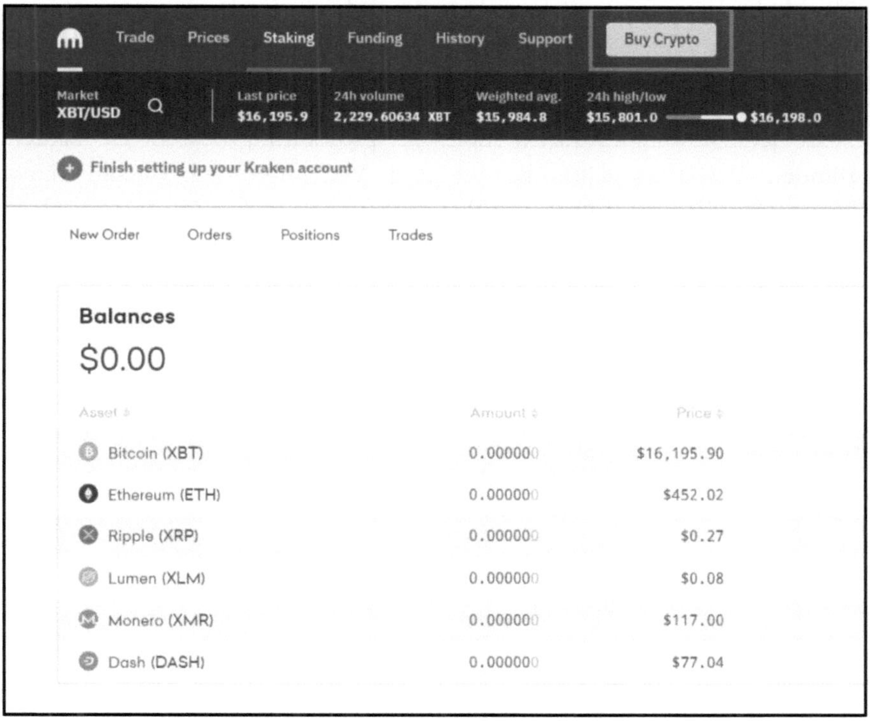

Schritt 6: Um Bitcoin mit Fiat-Währungen, wie dem Euro, zu kaufen, musst Du nun zunächst etwas Geld auf Dein Konto bei *Kraken* einzahlen. In Deutschland wird dies über einen Service der Fidor Bank abgewickelt und kann aus Sicherheitsgründen bei der ersten Überweisung zu Kraken hin leider bis zu 64 Stunden dauern.

Kauf auf P2P-Marktplätzen

Wenn Du in einem Land lebst, in dem es keine praktikable Kryptowährungsbörse gibt, kannst Du auch die Nutzung eines Peer-to-Peer (P2P)-Marktplatzes in Betracht ziehen. Ähnlich wie bei Brokern und Börsen musst Du aber auch bei P2P-Marktplätzen in der Regel einen *KYC*-Prozess durchlaufen.

Anstatt jedoch Bitcoin direkt über Kryptowährungsbörsen zu kaufen, verbinden P2P-Marktplätze Käufer und Verkäufer von Bitcoin direkt miteinander. Dies bedeutet, dass Du selbst wählen kannst, mit welchem Käufer oder Verkäufer Du handeln möchtest.

Einige bekannte P2P-Marktplätze sind *LocalBitcoins*, *Binance P2P*, *Paxful*, *Remitano*, und *Hodl Hodl.*

Local Bitcoins

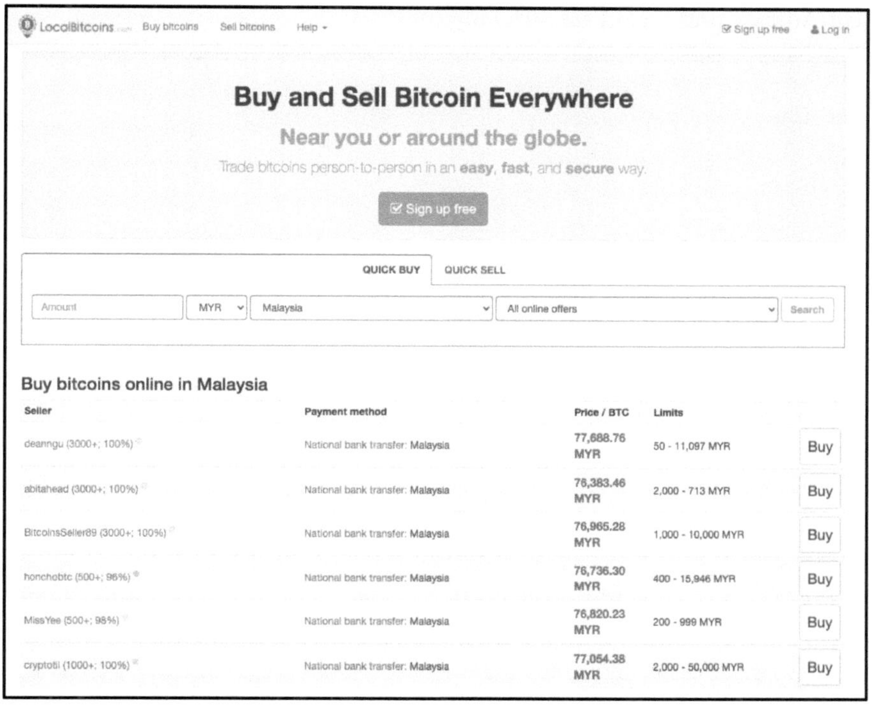

LocalBitcoins wurde im Juni 2012 in Finnland gegründet und ist einer der größten P2P-Marktplätze der Welt. Er hat Bitcoin-Transaktionen zwischen Käufern und Verkäufern in über 248 Ländern und 16.000 Städten ermöglicht.

Die einfache Benutzeroberfläche und die Unterstützung vieler Zahlungsoptionen haben dem Marktplatz den Ruf eingebracht, zugänglich und einfach zu bedienen zu sein. Lass uns hier gemeinsam durch die Schritte gehen, um mit dem Kauf Deiner ersten Bitcoins auf *LocalBitcoins* zu beginnen.

Schritt 1: Registriere Dein Konto, indem Du einen Benutzernamen, Deine E-Mail-Adresse und Dein Passwort eingibst.

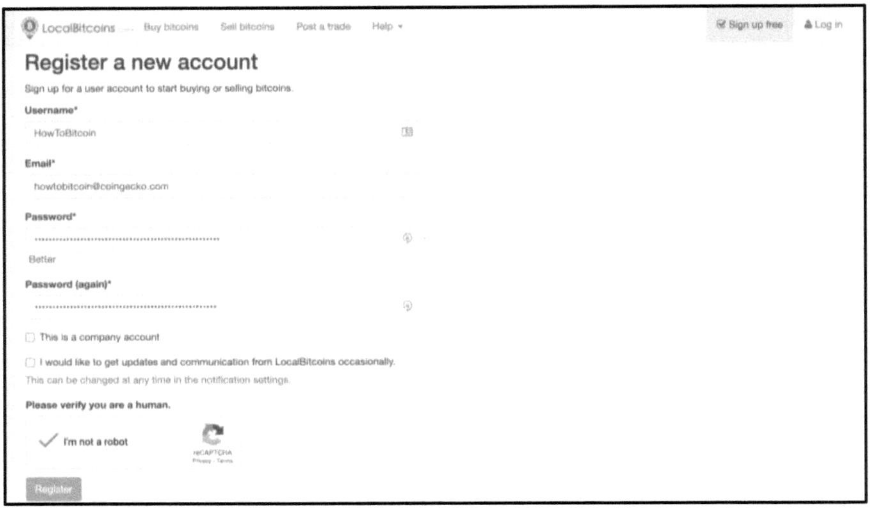

Schritt 2: Lese Dir die Nutzungsbedingungen und die Datenschutzrichtlinie durch. Scrolle dann nach unten und klicke auf "Ich stimme zu".

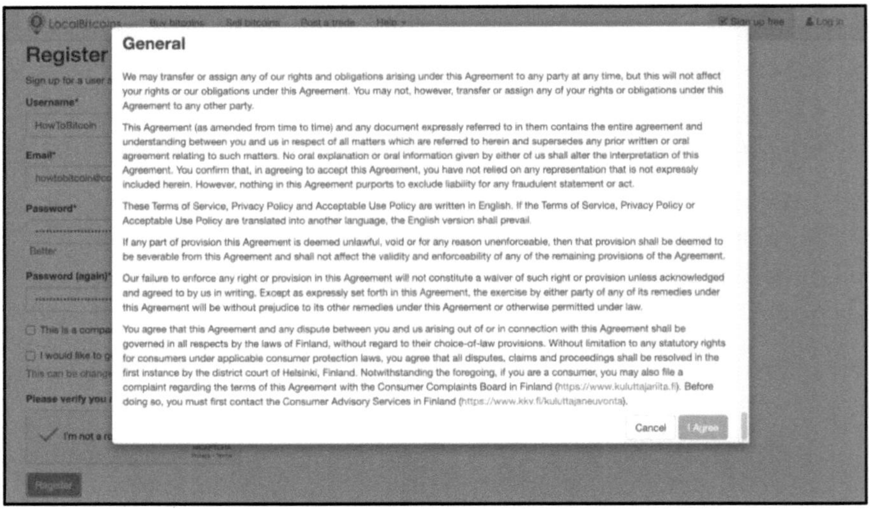

Schritt 3: Prüfe Deinen E-Mail-Eingang und klicke dort auf den Bestätigungslink.

Schritt 4: Gebe als nächstes Deinen Vor- und Nachnamen, sowie Deine Mobiltelefonnummer ein. Diese Angaben werden vor allem für die KYC- und Mobilverifizierungsprozesse in späteren Schritten benötigt.

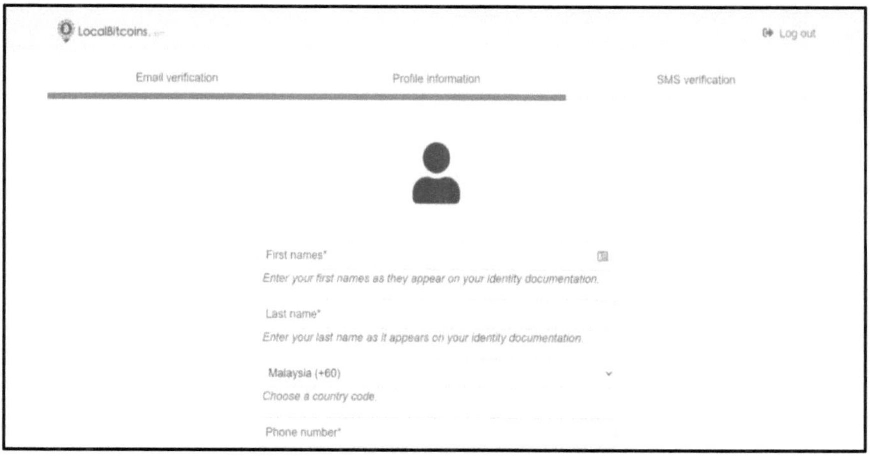

Schritt 5: Ein Verifizierungscode wird Dir nun per SMS an Deine angegebene Handynummer gesendet. Gib den dort erhaltenen Code auf der Website ein und klicke auf "Senden".

Schritt 6: Glückwunsch! Du wirst nun zum Trading-Dashboard weitergeleitet. Bevor Du dort Deinen ersten Bitcoin kaufen kannst, musst Du aber noch die KYC-Verifizierung abschließen. Gehe dafür auf "Profil", gefolgt von "Einstellungen" und dann "Verifizierung".

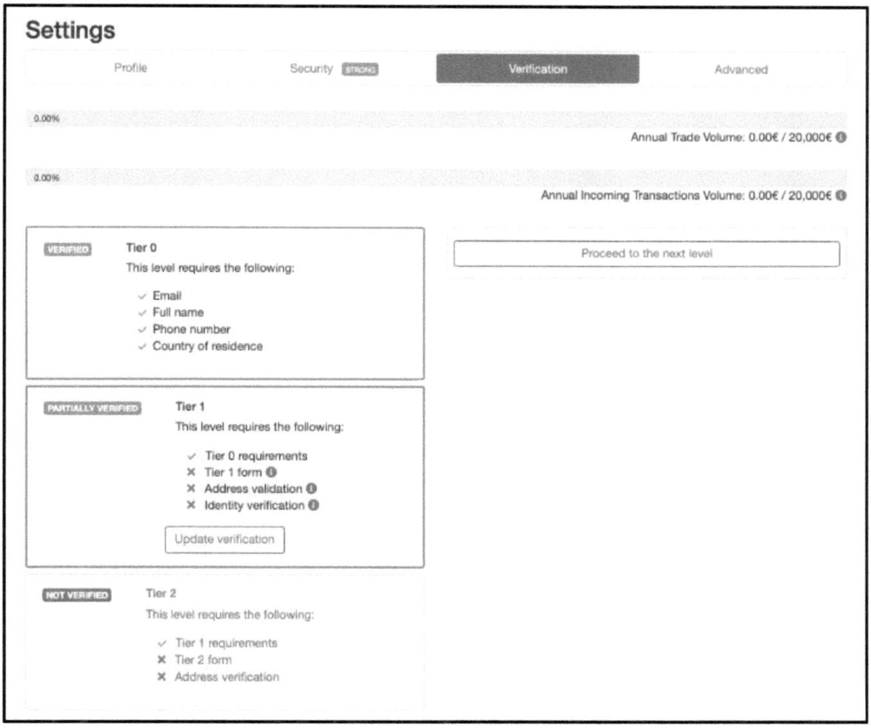

In der Box unten wirst Du feststellen, dass Du Dich noch auf Stufe 0 befindest. Die meisten Verkäufer verlangen mindestens eine Verifizierungsstufe von Stufe 1. Klicke deshalb auf "Weiter zur nächsten Stufe" und folge den Anweisungen auf dem Bildschirm.

Schritt 7: Nach Übermittlung Deiner Adresse und der erfolgten Identitätsprüfung wirst Du auf Stufe 1 hochgestuft. Mit diesem Upgrade kannst Du nun Deinen ersten Bitcoin kaufen!

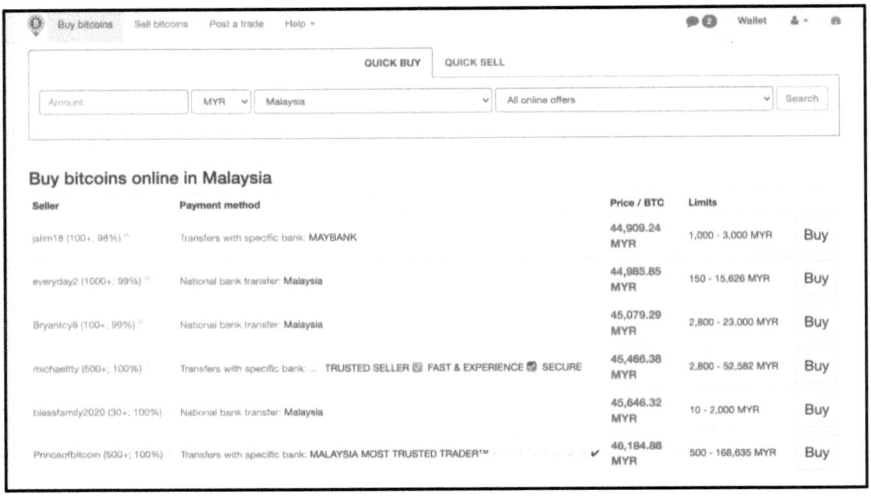

Kehre zum Trading-Dashboard zurück. Hier kannst Du nun durch die Anzeigen zahlreicher Bitcoin-Verkäufer blättern. Gib dort den Betrag, den Du auszugeben bereit bist, das Land, in dem Du lebst, sowie Deine gewünschte Zahlungsmethode ein. Somit kannst Du Dir die Angebote nach Deinen Präferenzen filtern. Sobald Du eine Anzeige ausgewählt hast, klickst Du auf "Kaufen".

Protip: Suche unbedingt nach Verkäufern mit einem guten Ruf. Du kannst diese anhand der Nummer und des farbigen Punktes neben ihrem Namen ausfindig machen. Händler mit einem besseren Ruf haben eine höhere Nummer und einen grünen Punkt neben ihrem Namen.

Schritt 8: Nachdem Du auf "Kaufen" geklickt haben, wirst Du auf die Zahlungsseite weitergeleitet. Gib dort den Betrag ein, den Du bereit bist auszugeben und lies Dir unbedingt sorgfältig die vom Verkäufer angegebenen Handelsbedingungen durch. Wenn alles in Ordnung zu sein scheint, klicke auf "Handelsanfrage senden".

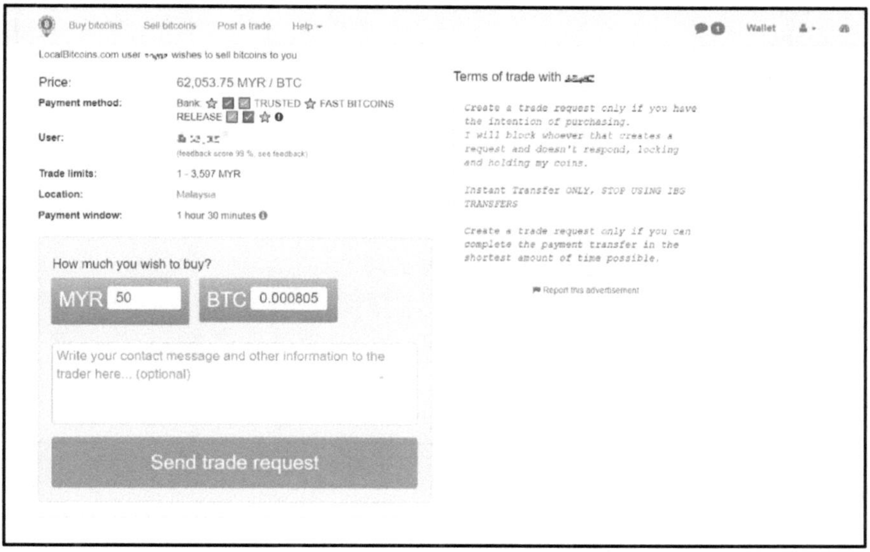

Schritt 9: Du wirst nun aufgefordert, Deine Zahlung zu leisten. Folge dabei den Anweisungen auf dem Bildschirm und schließe die Transaktion innerhalb des Zahlungsfensters ab. Sobald Du damit fertig bist, klicke auf "*Ich habe bezahlt*" und schon bald solltest Du die angegebene Menge an Bitcoin erhalten!

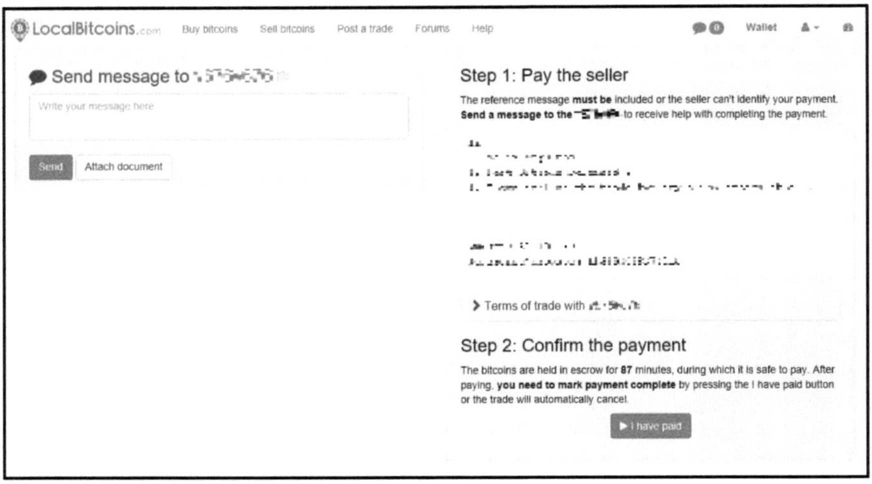

Schritt 10: Um Deine Bitcoins sicher aufzubewahren, solltest Du sie auf eine Wallet übertragen, die Du kontrollierst. Klicke auf Deinem Dashboard auf "Wallet" und dann auf "Bitcoins senden". Kopiere die Adresse Deines Wallets und füge sie in das Feld "Bitcoin-Empfangsadresse" ein und stelle den Betrag ein, den Du in BTC übertragen möchtest. Danach bist Du startklar!

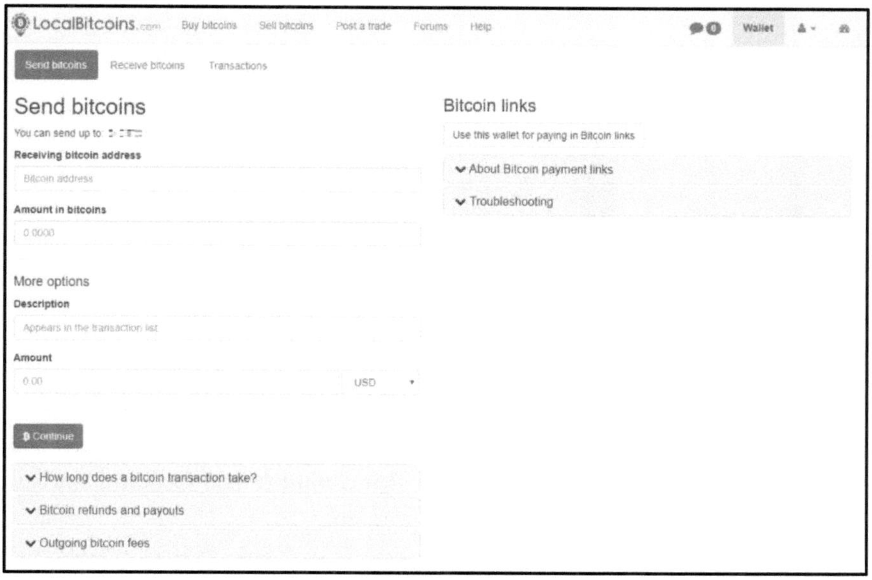

Bitcoin-Cashback mit Lolli verdienen

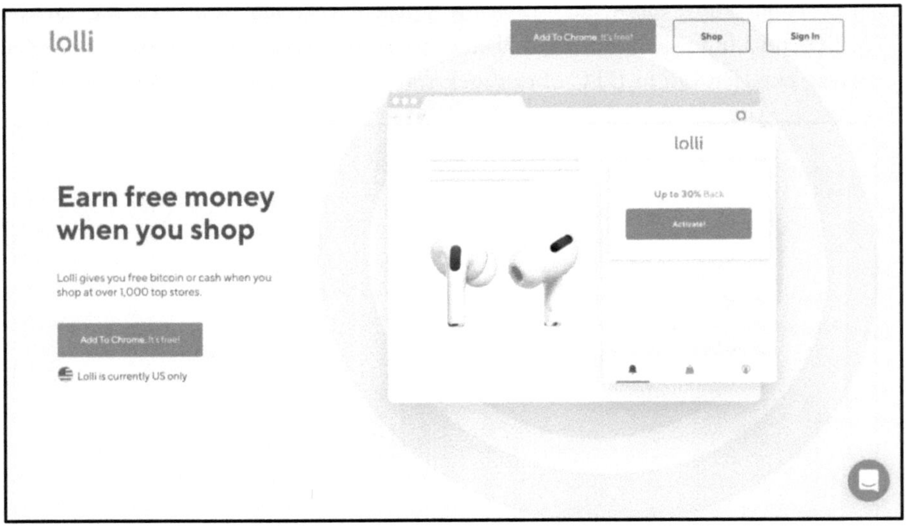

Das Bitcoin-Cashback-Programm von Lolli ähnelt sehr dem Payback-Programm in Deutschland, bei dem z. B. Bonuspunkte von Online-Händlern an die Kunden nach einem Kauf verteilt werden.

Die meisten Cashback-Unternehmen zahlen Dich in Fiat-Währungen oder Tauschpunkten aus. Im Fall von *Lolli* werden Dir die Cashback-Belohnungen stattdessen später in Bitcoin ausgezahlt.

Lolli arbeitet hierbei mit vielen bekannten Marken wie *Nike*, *Sephora*, *Microsoft* und *Expedia* zusammen. Durch die Verwendung von Lolli kannst Du also ebenso anfangen, Dir Deine eigenen Bitcoin zu verdienen, während Du Deine täglichen Online-Einkäufe bei den hier angebotenen Partnerunternehmen tätigst. Lolli zahlt überall von 1% bis zu 27% Cashback bei den Hunderten von Händlern auf ihrer Website. Dies ist eine der einfachsten Möglichkeiten, Bitcoin zu verdienen.

Bitte beachte, dass Lolli.com derzeit noch nicht in Deutschland, Österreich und in der Schweiz angeboten wird, sondern nur in den USA. Du hast aber jedoch die Möglichkeit, Dich für die Warteliste unter „Join Waitlist“ einzutragen und wirst dann als einer der ersten benachrichtigt, wenn der Service auch in Deinem Land angeboten wird.

Kapitel 5: Wie Du Deine ersten Bitcoin bekommst!

Hier findest Du eine kurze Schritt-für-Schritt-Anleitung, um auf Lolli.com tätig zu werden:

Schritt 1: Melde Dich bei Lolli.com an unter *Join Lolli.*

Schritt 2: Sobald Du Dich hier für ein Konto registriert hast, kannst Du bereits Bitcoin verdienen, während Du einkaufst. Die Voraussetzung ist, dass Du die Tracking-Links der Händler auf der Lolli-Plattform benutzt und auf diese klickst, um zu Deiner gewünschten Shopping-Plattform zu gelangen.

Schritt 3: Vergesse nach Deinem Online-Kauf nicht, auf Lolli.com Deinen *SatsTag* zu beanspruchen.

Schritt 4: Um Dir das Einkaufserlebnis in Zukunft noch einfacher zu machen, kannst Du Dir auch die Chrome-Browser-Erweiterung herunterladen und diese verwenden.

Biete Dienstleistungen gegen Bitcoin an

Wenn Dein Arbeitgeber Dich nicht in Bitcoin bezahlen möchte, könntest Du auch Deine Fähigkeiten auf Krypto-Freelancer-Plattformen gegen Bitcoin anbieten. Egal, ob Du dort als Buchhalter, Website-Entwickler, Social-Media-Manager oder Werbetexter tätig wirst, Du kannst hier all Deine Dienstleistungen bzw. Services gegen die Bezahlung von Bitcoin anbieten.

Einige der populäreren Plattformen hierbei sind:

- www.Crypto.jobs - Website für Blockchain-Jobs
- www.Cryptogrind.com Dedizierte Bitcoin-Freiberufler-Plattform
- www.Bitfortip.com – eine Website, auf der Du ein Trinkgeld in Bitcoin erhältst, wenn Du anderen behilflich bist.

Play-to-earn: Spielerisch Bitcoin verdienen

Eine der unterhaltsameren, wenn auch langsamen Möglichkeiten, kostenlose Bitcoin zu verdienen, ist über so genannte Bitcoin-Automaten. Bitcoin-Faucets geben alle paar Stunden winzige Bruchteile von Bitcoin für die Durchführung bestimmter Aufgaben aus, wie das Spielen von mobilen oder Online-Spielen. Diese Bitcoin-Faucets verdienen Geld, indem sie Nutzern eine Werbung zeigen und Nutzer für die Interaktion mit bestimmten Websites belohnen. Wirtschaftlich ist das nicht wirklich, es sei denn, Du lebst in einem Entwicklungsland und bist auf jeden Cent angewiesen, aber es kann dennoch ein kleiner Zeitvertreib sein.

Kurzer Disclaimer in eigener Sache: CoinGecko ist mit KEINEM dieser Spiele oder Produkte in irgendeiner Weise verbunden. Bitte verwende diese Angebote ausschließlich auf eigenes Risiko.

- Bitcoin Blast

Bitcoin Blast von Bling Financial ist ein lustiges Puzzlespiel für Android-Nutzer. Für jedes Spiel wirst Du hier mit Bling Points belohnt. Diese Bling-Punkte kannst Du später dann in Bitcoin einlösen, die Du dann auf Deine Coinbase-Wallet auszahlen lassen kannst. Je mehr Du hier spielst, desto mehr Bling Points wirst Du sammeln können. Bling Financial bietet auch vier andere mobile Spiele, die Benutzer mit Bling Points belohnen, die wiederum in Bitcoin umgewandelt werden können.

- Bit Fun

Seit seiner Gründung im Jahr 2017 ist Bit Fun eine klassische Bitcoin-Faucet-Website, die es Benutzern ermöglicht, alle paar Minuten eine kleinere Menge an Bitcoin zu beanspruchen. Es gibt Browserspiele, die man auf der Website spielen kann, während man auf den nächsten Forderungszyklus wartet. Neben den Spielen können die Benutzer auch zusätzliche Bitcoin verdienen, indem sie Umfragen und andere Angebote auf dieser Website abschließen.

Bitcoin minen

Alle Bitcoins wurden ursprünglich durch einen Mining-Prozess erzeugt. In den frühen 2010er Jahren war das Mining sogar noch für jede Person mit einem handelsüblichen PC umsetzbar, da dieses Mining mit einer normalen Central Processing Unit (CPU) durchgeführt werden konnte.

Als aber immer mehr Menschen damit begannen, Bitcoin zu schürfen bzw. zu *minen*, stieg die Schwierigkeitsrate in der Bitcoin-Software an. Schließlich brauchten Miner immer mehr spezialisiertere Maschinen, um Bitcoins zu schürfen. Einige Forscher fanden heraus, dass Graphics Processing Units (GPU) und bald auch Field-Programmable Gate Array (FGPA) verwendet werden können, um Bitcoin effizienter zu *minen*.

Schließlich wurde dies schnell durch noch effizientere Maschinen ersetzt, die als *Application Specific Integrated Circuit (ASIC)* bekannt sind. Ein ASIC-Miner ist ein Gerät, das für eine bestimmte Art von Arbeit entwickelt wurde, nämlich dafür, das komplexe Bitcoin-Mining-Puzzle mit halsbrecherischer Geschwindigkeit zu lösen.

Heutzutage ist es nicht mehr möglich, Bitcoin mit CPU, GPU oder FGPA zu minen - nur die effizientesten ASIC-Miner können noch zum Mining von Bitcoin verwendet werden.

Für die meisten Anfänger ist es daher auch nicht empfehlenswert, dass sie Ihre ersten Bitcoins durch Mining verdienen, da dies sehr kapitalintensiv ist und viel Arbeit bedeutet. Du müsstest hierfür also bereits im Vorfeld viel Geld investieren, um Dir die neuesten ASIC-Miner leisten zu können, diese an eine Mining-Einrichtung zu liefern, sie einzurichten, für Strom zu bezahlen, die Miner zu warten und so weiter.

Es kann dann noch etwa 12 bis 15 Monate dauern, bis Du genug verdient hast, um die Vorabinvestition für den Kauf des ASIC-Miners zurückzuzahlen, und Deine Rendite hierbei ist aufgrund der schwankenden Bitcoin-Preise und des Schwierigkeitsgrads auch sehr volatil. ASIC-Miner veralten ebenso sehr schnell, da neuere und effizientere Maschinen fast monatlich veröffentlicht werden.

Cloud Mining

Bei Deinen Recherchen zum Mining kannst Du schnell auf Anbieter stoßen, die Dir erklären, dass Du bereits mit geringsten Mitteln Bitcoin über Cloud-Mining minen kannst. Cloud-Mining ist dabei ein Service, der es Dir ermöglicht, die Arbeit auszulagern, die zum Mining von Bitcoin benötigt wird.

Die Cloud-Mining-Anbieter vermieten die ASIC-Miner an Dich und übernehmen die gesamte Arbeit zur Wartung dieser Maschinen. Alles, was Du tun müsstest, wäre eine feste monatliche Gebühr zu zahlen, um dafür einige Cloud-Mining-Verträge zu kaufen. Diese Verträge bieten typischerweise eine feste Anzahl von Hashes pro Sekunde, wobei Du die geminten Bitcoin behalten könntest.

Obwohl die angebotenen Verträge zwar verlockend klingen, gibt es eine Menge an Risiken beim Cloud-Mining, da es davon ausgeht, dass der Bitcoin-Preis und die Schwierigkeit konstant bleiben. Wie wir in früheren Kapiteln bereits erwähnt hatten, wird die Bitcoin-Schwierigkeit mit der Zeit steigen und es ist sehr schwer, den Preis von Bitcoin auch nur für eine Woche vorherzusagen.

In den meisten Fällen kannst Du hierbei also nur dann einen Gewinn erzielen, wenn der Bitcoin-Preis steigt und Du das Glück hast, ihn zu einem hohen Preis zu verkaufen. Die meisten Cloud-Mining-Betreiber verlangen eine hohe monatliche Gebühr und Du wirst höchstwahrscheinlich nicht in der Lage sein, einen Gewinn aus Deinen Cloud-Mining-Unternehmungen zu erzielen!

Ähnlich wie beim Goldschürfen ist auch das Bitcoin-Mining ein hochkomplexer Prozess und wir können Dir dies nicht empfehlen, wenn Dein Ziel darin besteht, Deine ersten Schritte in der Bitcoin-Welt zu machen. Es ist in der Regel unkomplizierter, Bitcoin über eine Börse zu kaufen, als sie zu schürfen bzw. zu minen. Wir von *CoinGecko* empfehlen, dass Du das *Mining* bis zu einem späteren Zeitpunkt überspringen solltest, bis Du mit den Vor- und Nachteilen des Bitcoin-Minings besser vertraut bist.

Kapitel 6: Wie Du Deine Bitcoin sicher aufbewahrst

Nachdem Du Dir Deine ersten Bitcoins an einer Börse oder auf einem Peer-to-Peer-Marktplatz gekauft hast, solltest Du unbedingt in Erwägung ziehen, sie in eine *Non-Custodial Wallet* zu verschieben, die Du allein kontrollierst. In einem früheren Kapitel hatten wir Dir das Konzept der Bitcoin-Verwahrung bereits erklärt und warum eine *Non-Custodial Wallet* eine sicherere Option für die langfristige Aufbewahrung Deiner Bitcoin sein kann.

Wir von CoinGecko empfehlen die Verwendung von Hardware-Wallets zur Aufbewahrung Deiner Kryptowährungen. Es gibt mehrere Hardware-Wallet-Anbieter auf dem Markt. In diesem Kapitel stellen wir Dir einige Schritt-für-Schritt-Anleitungen zur Verfügung, die Dir helfen, einige der populäreren *Non-Custodial Bitcoin-Wallets* wie *Trezor* und *Ledger* einzurichten.

Hardware Wallet: Trezor One

Der Kauf einer Trezor One-Hardware-Wallet kostet je nach Modell und Lieferort etwa 60 bis 200 Euro. Denke bitte daran, immer direkt auf der Website des Herstellers zu kaufen, da Du nicht das Risiko eingehen solltest, dass Deine Geräte vor dem Versand an Dich von einem Hacker aus einem nicht seriösen Geschäft manipuliert werden. Klicke auch nicht auf Google-Anzeigen, wenn diese Dich zu den Websites der Hersteller navigieren, da einige dieser Anzeigen von Betrügern sein könnten, die sich als die echten Hersteller ausgeben.

Lass uns durch die Einrichtung einer Trezor One Hardware-Wallet gehen. Sie ist derzeit für 60 Euro auf der Trezor-Website erhältlich.

> Schritt 1: Die *Trezor Bridge* ist eine Anwendung, die benötigt wird, um die Kommunikation zwischen Deiner *Trezor-Wallet* und Deinem Webbrowser zu ermöglichen. Um sie zu installieren, gehst Du auf https://wallet.trezor.io/#/bridge und lädst Dir dort die neueste Version von *Trezor Bridge* herunter. Wähle hier einfach Dein Betriebssystem aus, um die neueste Version zu erhalten.

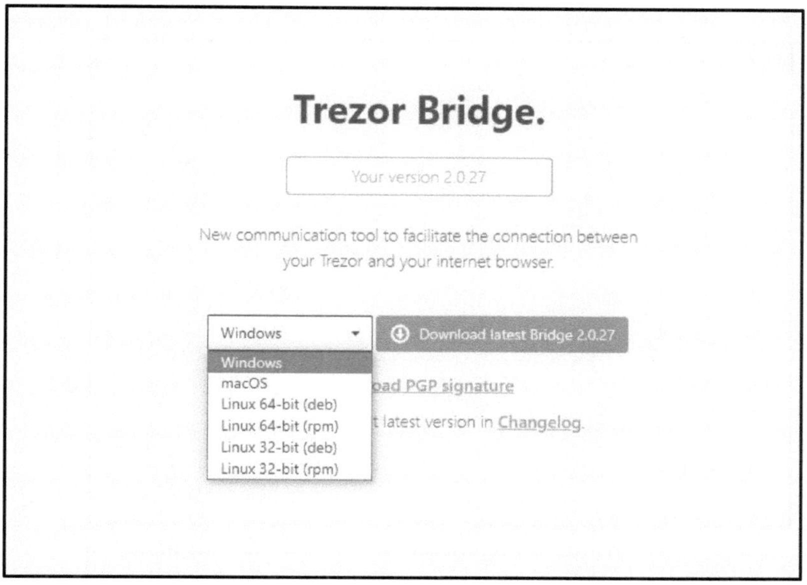
Trezor Bridge.
Your version 2.0.27
New communication tool to facilitate the connection between your Trezor and your internet browser.
Windows
Download latest Bridge 2.0.27
Windows
macOS
Linux 64-bit (deb)
Linux 64-bit (rpm)
Linux 32-bit (deb)
Linux 32-bit (rpm)
oad PGP signature
t latest version in Changelog.

Schritt 2: Benenne einen Zielordner und tippe dann auf "Installieren". Sobald dies abgeschlossen ist, kannst Du die Einrichtung Deiner *Trezor-Wallet* starten.

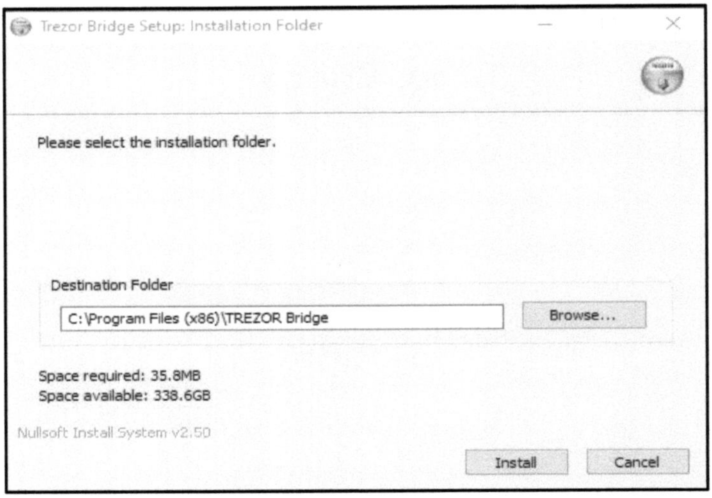

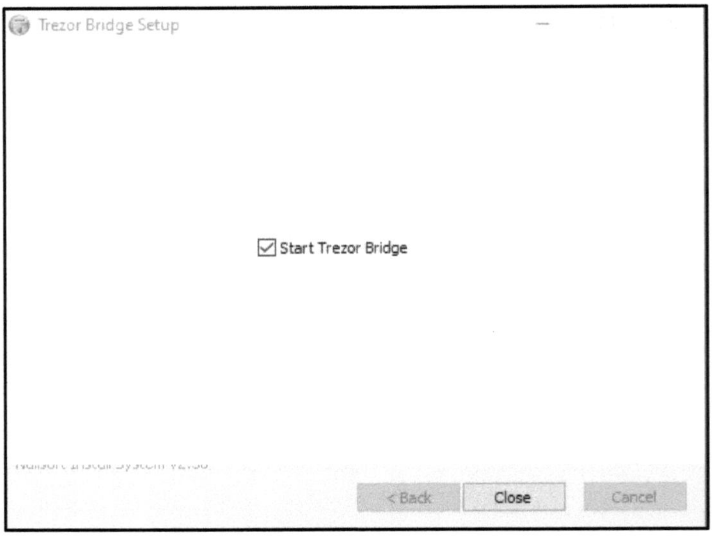

Schritt 3: Schließe Deinen neuen Trezor an Deinen PC an und klicke dort auf https://wallet.trezor.io/ .Klicke dort auf die Schaltfläche *"Create a wallet"*.

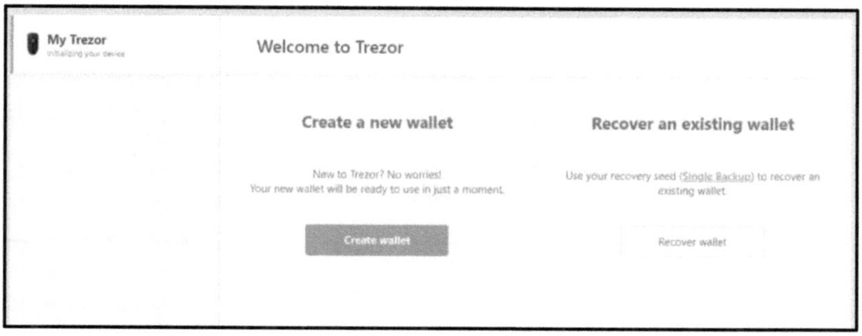

Schritt 4: Sobald Du eine neue Wallet erstellt hast, wirst Du nun dort aufgefordert, ein Backup Deiner Wallet zu erstellen.

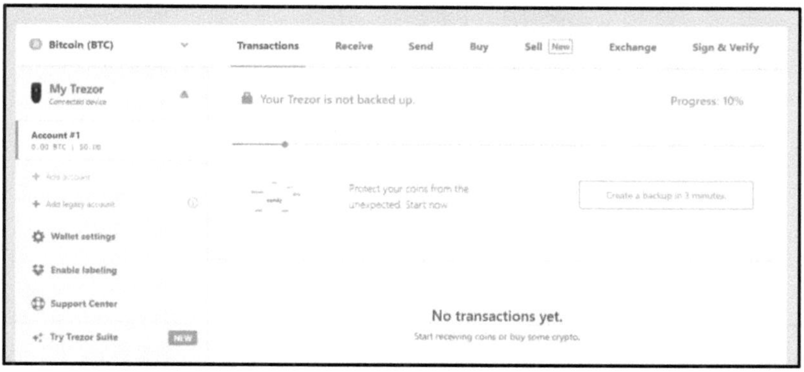

Schritt 5: Nun wird Dir im Fenster eine Warnung angezeigt, dass Du Deinen *Recovery-Seed* (die Wörter zur Wiederherstellung Deiner Wallet) sicher aufbewahren sollst. Mach daher also am besten keine Fotos davon und speichere sie Dir auch nicht anderweitig auf Deinem PC ab. Dies ist wichtig, da die auf Deinem Smartphone oder PC gespeicherte Daten möglicherweise nicht sicher sind - Hacker könnten darauf zugreifen und so Dein gesamtes Guthaben auf dem *Trezor* gefährden. Der beste Weg, Deinen *Recovery Seed* zu speichern, ist die Verwendung eines Metallgeräts wie *Cryptosteel.*

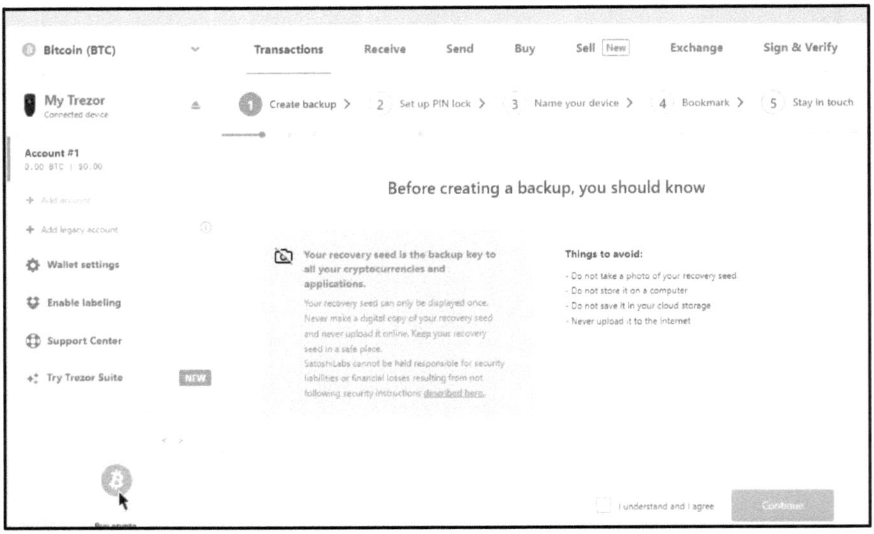

Schritt 6: Sobald Du den Gefahrhinweis verstanden hast und zustimmst, kreuzt Du das Kästchen an und beginnst, Deinen *Seed* aufzuschreiben. Jedes Wort erscheint auf dem Bildschirm des Trezor, und nachdem Du Dir jedes Wort aufgeschrieben hast, musst Du die Wörter erneut bestätigen. Der *Recovery-Seed* ist bei *Trezor* 24 Wörter lang.

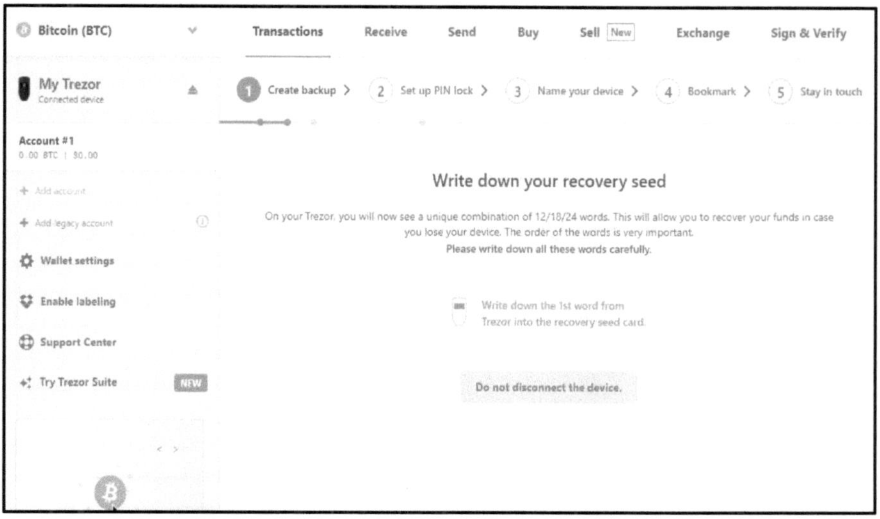

Schritt 7: Nachdem Du nun Deinen *Trezor* gesichert hast, legst Du Dir eine sichere PIN für den Zugang zu Deiner Wallet fest. Diese sollte übrigens nicht unbedingt die Zahlen Deines Geburtsdatums sein. Die Zahlen erscheinen auf der Hardware-Wallet in zufälliger Reihenfolge. Wählen dann die Zahlen auf der Weboberfläche aus.

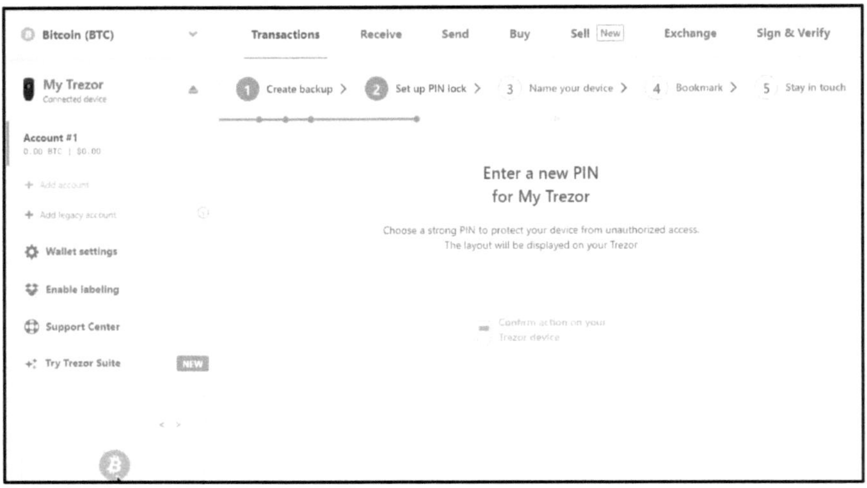

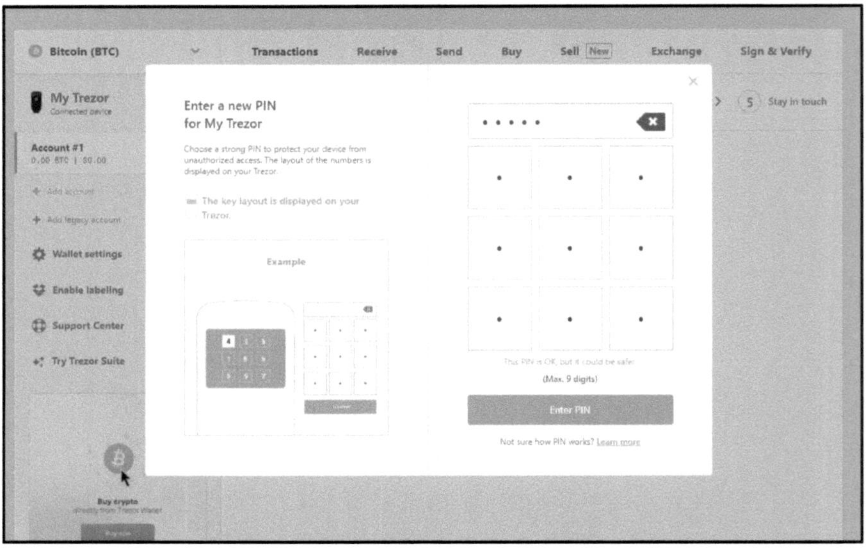

Schritt 8: Als nächstes wirst Du aufgefordert, Deine Wallet zu benennen. Wir haben unsere in diesem Beispiel mal ganz originell *"How To Bitcoin"* genannt. Du kannst den Namen übrigens auf der Einstellungsseite ändern.

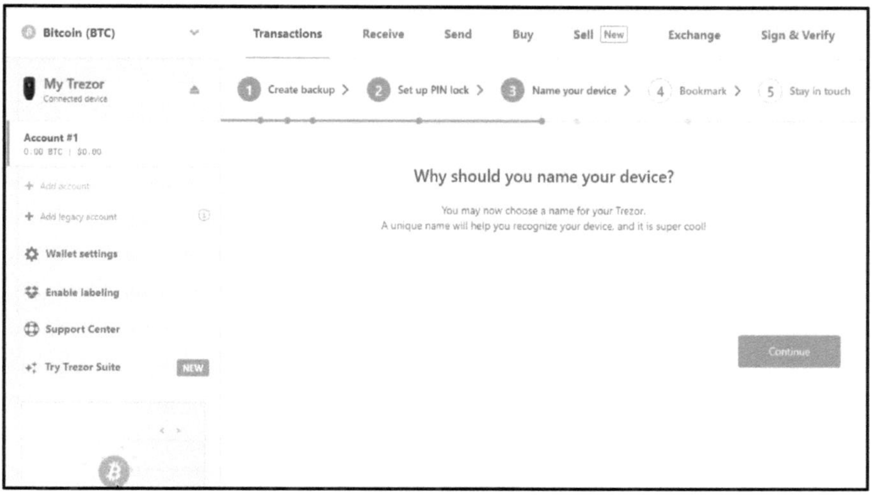

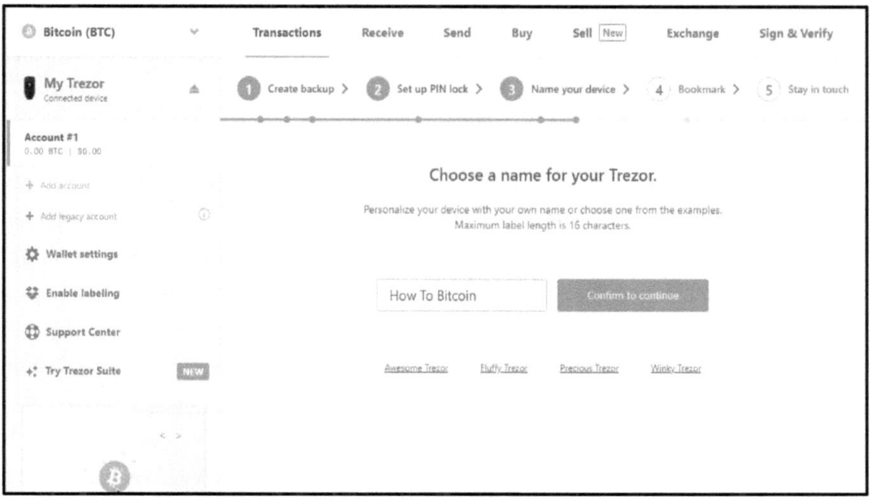

Schritt 9: Wenn verfügbar, müsstest Du möglicherweise die Firmware-Version auf die neueste verfügbare Version aktualisieren. Trenne dafür einfach die Verbindung zu Deinem *Trezor* und schließe ihn danach wieder an, während Du beide Tasten gedrückt hältst. Stelle auch sicher, dass Dein *Recovery Seed* gesichert ist, und fahre dann mit dem Update fort.

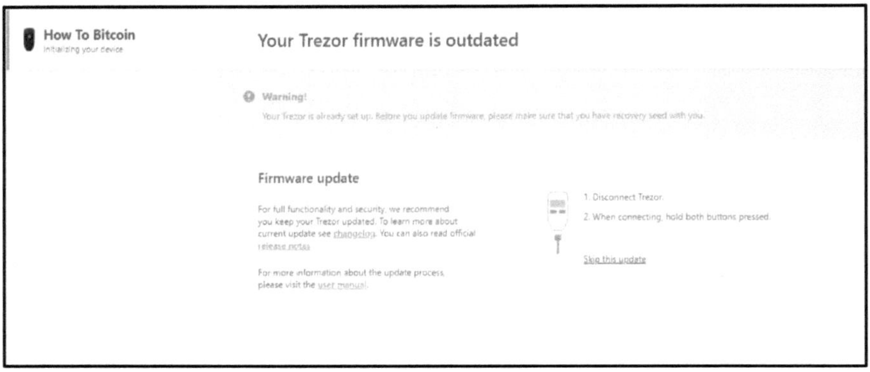

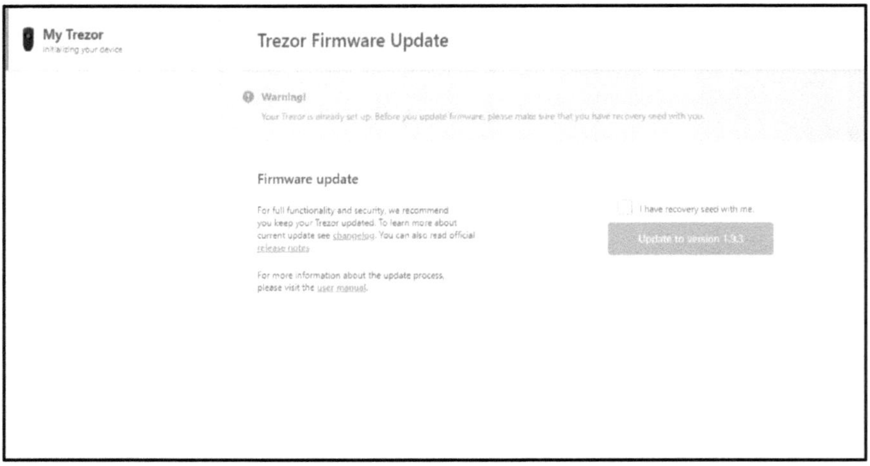

Schritt 10: Dein Trezor ist nun einsatzbereit! Um Bitcoin zu empfangen, tippe einfach auf die Registerkarte *"Empfangen"* und wähle dort "Show new address“ (für: „Volle Adresse anzeigen“). Überprüfe die Adresse und bestätige sie auf Deinem Trezor-Gerät. Du kannst nun diese Bitcoin-Adresse verwenden, um Deine Bitcoins hier zu empfangen.

Schritt 11: Wenn Du stattdessen Bitcoin versenden möchtest, tippe einfach auf den Reiter "Senden". Füge dort dann die Adresse, an die Du versenden möchtest, ein und gebe den gewünschten Betrag ein. Die Gebühr kann hier ebenfalls geändert werden, wobei die Geschwindigkeiten von langsam bis schnell reichen. Je höher die Gebühr, desto schneller wird die Transaktion durchlaufen. Je mehr Du hierbei sparen möchtest, desto länger kann dafür aber auch die Durchführung der Transaktion dauern, denn die Miner können sich die Transaktionen aussuchen und werden üblicherweise immer die mit den höheren Gebühren bevorzugen.

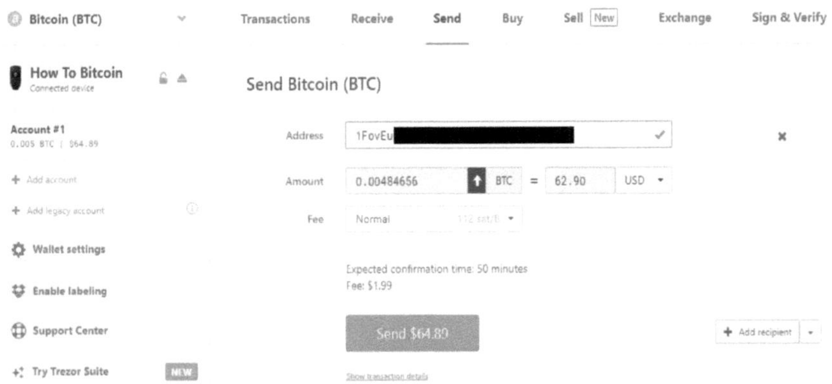

Schritt 12: Sobald Du fertig und bereit zum Versenden bist, drücke auf die Schaltfläche *Senden* und bestätige diese Transaktion auch noch auf Deinem *Trezor*. Glückwunsch! Du hast gerade Bitcoin von Deinem *Trezor* aus gesendet! Du könntest übrigens auch die Beschriftung auf Deinem Trezor aktivieren, um Notizen zu Deinen Transaktionen zu machen. Diese Notizen werden dann mit einem Cloud-Speicher-Tool wie Dropbox verbunden, um die gemachten Notizen zu Deinen Transaktionen dort zu speichern.

Pro Tip 1: Füge ein 25. Wort zu deinem Recovery Seed hinzu!

Das Hinzufügen eines 25. Wortes kann als eine Möglichkeit angesehen werden, Deinen Wiederherstellungs-Seed bzw. *Recovery Seed* zu erweitern. Dieses Wort kann von Dir individuell gewählt werden und verschlüsselt Deinen gesamten Recovery Seed noch etwas mehr. Sollte jemand in den Besitz Deiner 24-Wörter-Recovery-Seed kommen, würde diese Person auch noch das 25. Wort benötigen, um auf die Inhalte Deiner Wallet zuzugreifen.

Es sollte jedoch beachtet werden, dass das Hinzufügen eines 25. Wortes einen völlig anderen Stammschlüssel erzeugt, der einen anderen privaten Schlüssel (Private Key), öffentlichen Schlüssel (Public Key) und eine andere Adresse ableitet. Wenn Du irgendwann dieses 25. Wort vergessen solltest, verlierst Du leider auch den Zugriff auf Dein Guthaben.

Pro Tip 2: Shamir Backup

Ein *Shamir Backup* ermöglicht es Dir, Deinen Seed in mehrere *Shares* (=Anteile) aufzuteilen. Um Deine Wallet wiederherstellen zu können, benötigst Du dann eine bestimmte Anzahl dieser *Shares*. Die Anzahl der erzeugten *Shares* liegt zwischen 1 und 16, die Du selbst bestimmen kannst. Jeder *Share* besteht aus einer Sequenz von 20 oder 33 Wörtern.

Wenn Du Deine Wallet wiederherstellen willst, gibt es dann einen Schwellenwert, der erreicht werden muss. Dies ist die festgelegte Anzahl von Anteilen bzw. *Shares*, die zur Wiederherstellung einer Wallet benötigt wird. Wenn Dein Shamir-Backup zum Beispiel aus 10 Wiederherstellungsanteilen bzw. *Shares* besteht und Du den Schwellenwert auf "5 von 10" setzt, musst Du fünf dieser 10 Anteile bzw. *Shares* eingeben, um Deine Wallet wiederherzustellen.

Hinweis: Ein solches *Shamir Backup* ist derzeit nur auf dem *Trezor Model T* verfügbar.

Blockchain.com Mobile-Wallet

Schritt 1: Gehe zu Google Play oder dem Apple App Store, um Dir diese App herunterzuladen.

Schritt 2: Erstelle Dir Deine *Wallet*, indem Du Deine E-Mail-Adresse sowie ein sicheres Passwort eingibst:

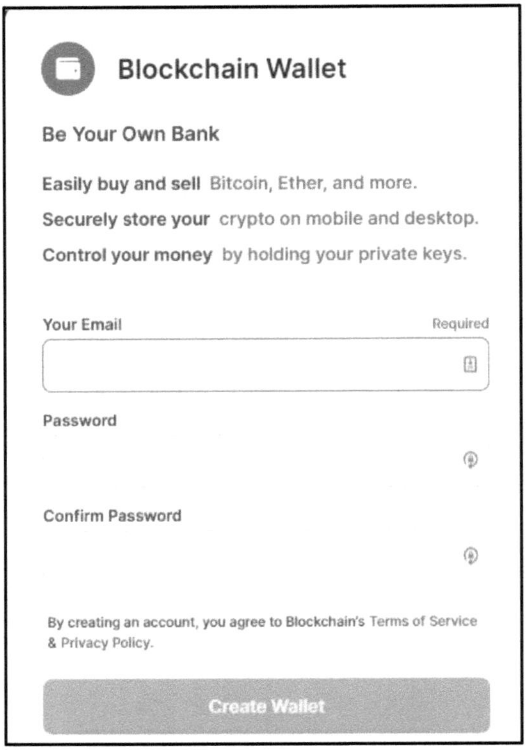

Schritt 3: Klicke dann auf "*Create Wallet*" und folge den Anweisungen auf dem Bildschirm. Sobald dies geschehen ist, wirst Du mit einer kurzen Willkommensnachricht begrüßt.

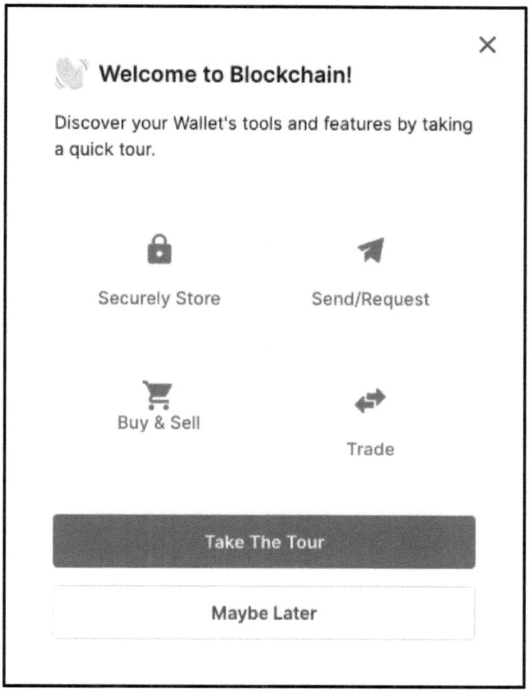

Schritt 4: Nach der Willkommensnachricht wirst Du automatisch zum Dashboard weitergeleitet. Um Bitcoin auf Deine Wallet zu übertragen, klickst Du hier einfach auf "Transfer".

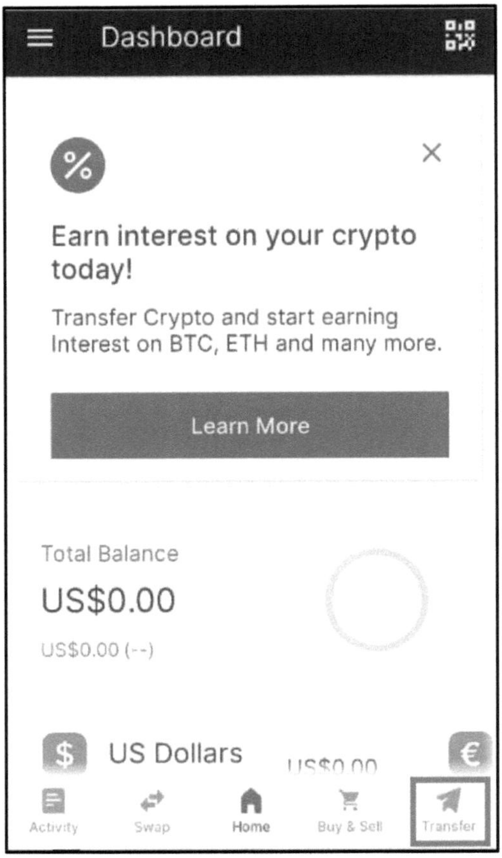

Schritt 5: Klicke auf der Seite "*Transfer*" dann auf "*Receive*". Nun siehst Du eine Liste von Wallets für Kryptowerte, die auf *Blockchain.com* unterstützt werden. Klicke dann jetzt auf Bitcoin (*My Bitcoin Wallet*).

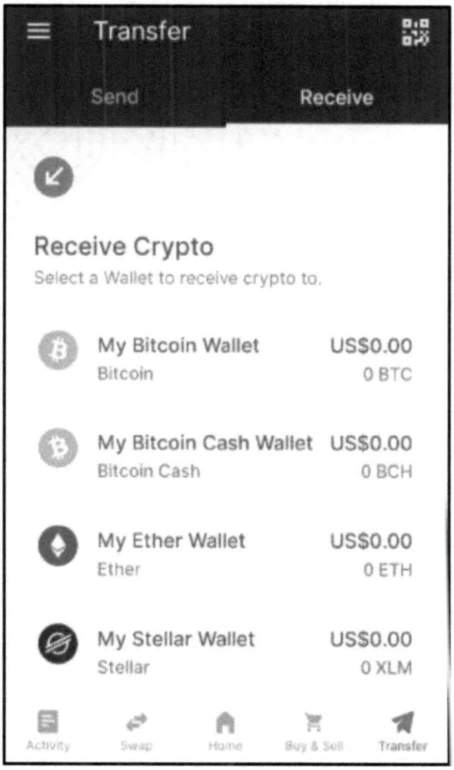

Schritt 6: Übertrage Deine Bitcoins an die angegebene Adresse oder scanne einfach den QR-Code. Überprüfe dabei aber unbedingt die Adresse, bevor Du mit dem nächsten Schritt fortfährst. Es genügt ein kleiner Fehler (z. B. eine falsche Ziffer), um Deine Bitcoins bei einer Übertragung zur Wallet zu verlieren.

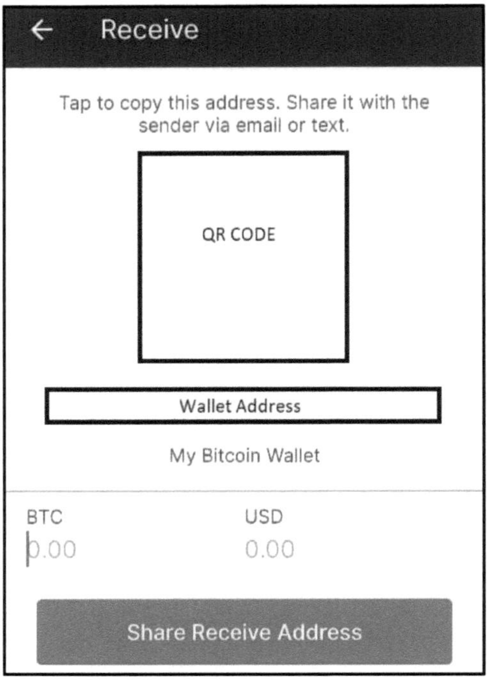

Schritt 7: Um Bitcoin auf die *Wallet* zu senden, klicke nun auf "*Transfer*", dann auf "Senden" – Du siehst nun eine Liste Deiner Guthaben. Wenn Du noch kein Guthaben in Form von Bitcoin oder sonstiger Kryptos hast, kannst Du hier ebenso auf "Buy Crypto“ (Krypto kaufen) klicken, um einen Kauf direkt zu tätigen.

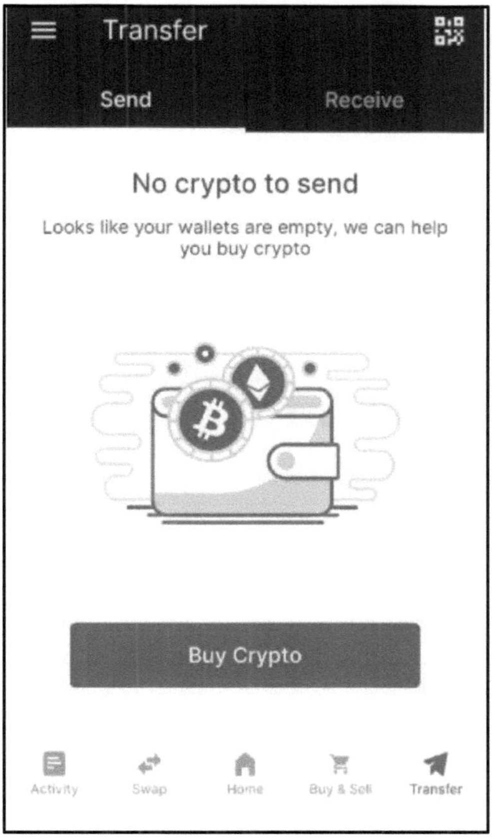

Blockchain.com Browser-Wallet

Schritt 1: Um mit dieser Wallet loszulegen, gehst Du auf die Seite Blockchain.com und klickst dort auf die Schaltfläche "*Get Started*".

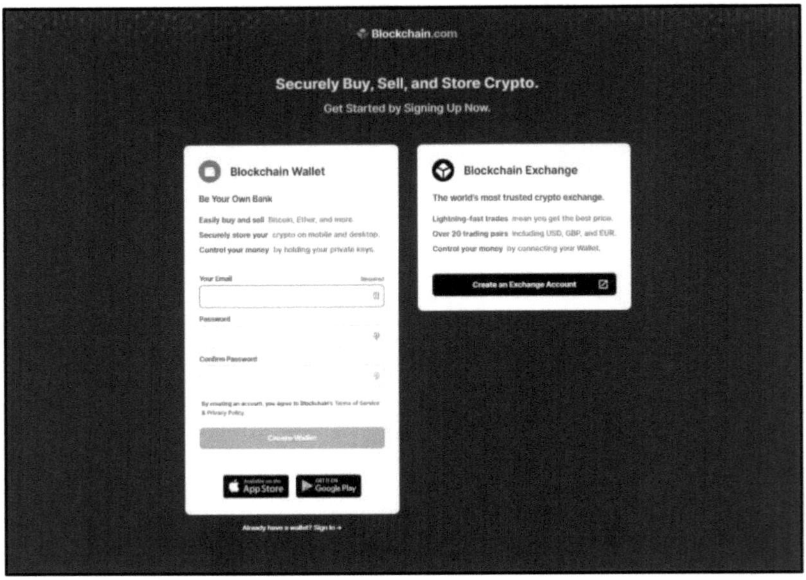

Schritt 2: Sobald Du eingeloggt bist, zeigt das Dashboard Deine Guthaben in Deiner Wallet an. Um mit der Überweisung von Guthaben auf Dein Bitcoin-Wallet zu beginnen, musst Du nun auf "Anfordern" klicken.

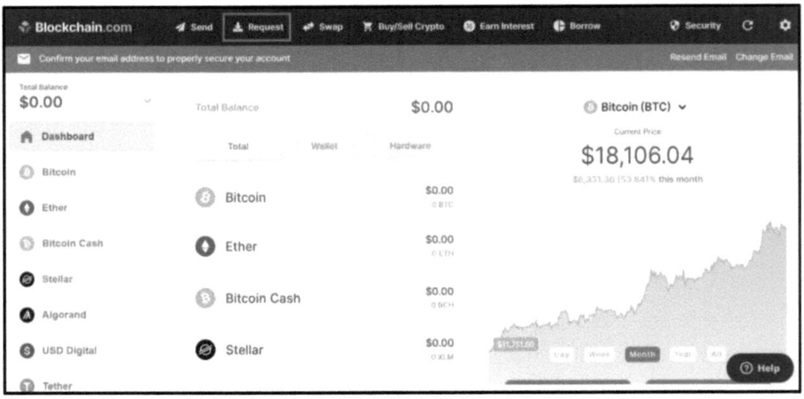

Schritt 3: Sobald nun Deine Bitcoin-Adresse angezeigt wird, solltest Du diese sicherheitshalber – vor der Transaktion – unbedingt auf jedes Detail und Richtigkeit überprüfen, bevor Du die Transaktion ausführst.

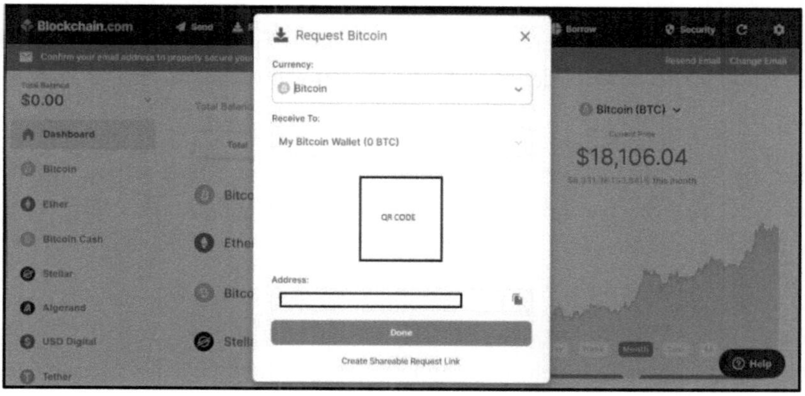

Schritt 4: Um die Bitcoinszu senden, klickst Du auf die Schaltfläche "Senden" in der oberen Menüleiste. Gib hier die Adresse, an die Du Deine Kryptowährungen senden möchtest, sowie den Betrag ein. Du kannst hierbei ebenso die Art der Netzwerkgebühr auswählen. Die Option „Regular“ ist günstiger, aber langsamer, während „Priority“ teurer ist, jedoch zu schnelleren Bestätigungen führt.

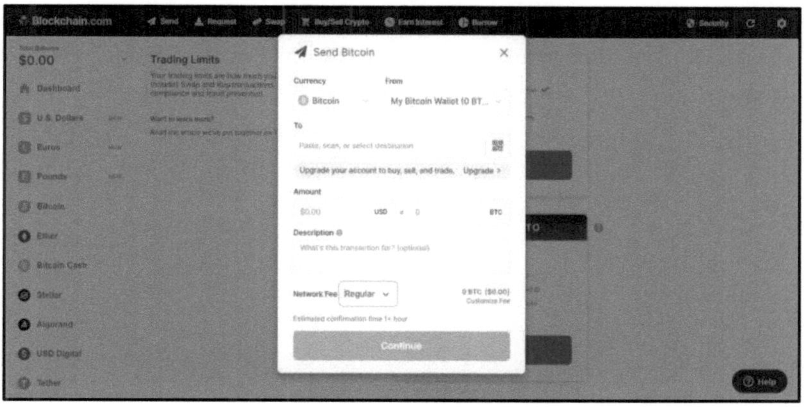

Lightning Network-Wallets

Lightning Wallets sind im Wesentlichen *Bitcoin-Wallets*, außer dass beim Senden und Empfangen von Bitcoin die Transaktion nicht auf der *Bitcoin-Blockchain* stattfindet. Vielmehr wird sie durch ein zweites Netzwerk geleitet, das auf der Bitcoin-Blockchain aufbaut, um sofortige und kostengünstigere Transaktionen zu ermöglichen. Wir werden in Kapitel 8 weiter auf das Lightning-Netzwerk eingehen.

Lightning-Wallets sind für sofortige und geringwertige Transaktionen gedacht. Eine der benutzerfreundlichsten Lightning-Wallets, die Du ausprobieren kannst, ist die *Phoenix Wallet* von ACINQ, einer der Pionierfirmen in der Lightning Network-Entwicklung.

Ein sehr wichtiger Punkt, den Du beachten solltest; ist, dass das *Lightning Network* immer noch als sehr experimentell angesehen wird. Im Gegensatz zur Haupt-Bitcoin-Blockchain, die seit über einem Jahrzehnt krisenerprobt ist, können hier noch *Bugs* und Software-Schwachstellen vorhanden sein.

Aufgrund der Möglichkeit, dass Gelder bei Transaktionen mit dem *Lightning Network* verloren gehen können, haben die meisten *Lightning Wallets* ein Limit eingeführt, wie viel Bitcoin Du in ihnen speichern kannst.

Das heißt, wenn Du Dir einen "Kaffee mit Bitcoin kaufen" willst, ist eine *Lightning-Wallet* perfekt für eine solche Aufgabe. Du würdest überrascht sein, wie schnell und nahtlos eine solche Transaktion mit dem *Lightning Network* funktioniert.

Phoenix-Wallet

Wähle nach der Installation der App "*Create new wallet*" und folge dann den in der App angegebenen Schritten.

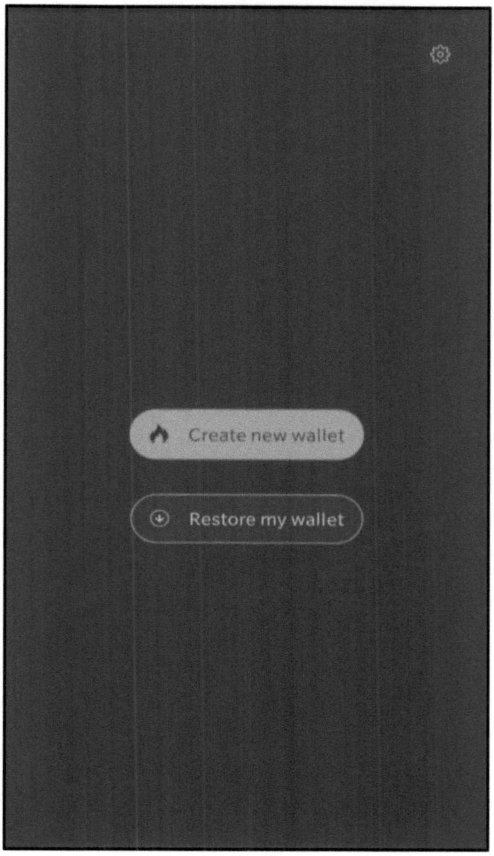

Nachdem die Wallet eingerichtet ist, wirst Du aufgefordert, ein Backup Deiner Wallet zu erstellen. Das Backup Deiner Wallet stellt sicher, dass Du immer noch Zugriff auf Deine Bitcoins hast, falls Du Dein Smartphone oder die *Lightning Wallet App* verlieren solltest. Wie bei jeder anderen *Bitcoin-Wallet* musst Du zum Sichern eine Reihe zufälliger englischer Wörter in einer bestimmten Reihenfolge aufschreiben - das sind die Seed-Schlüssel.

FAQ
0 sat
Thanks for using Phoenix. Please backup your wallet so that you don't lose your bitcoins.
BACKUP MY WALLET
Receive
Send

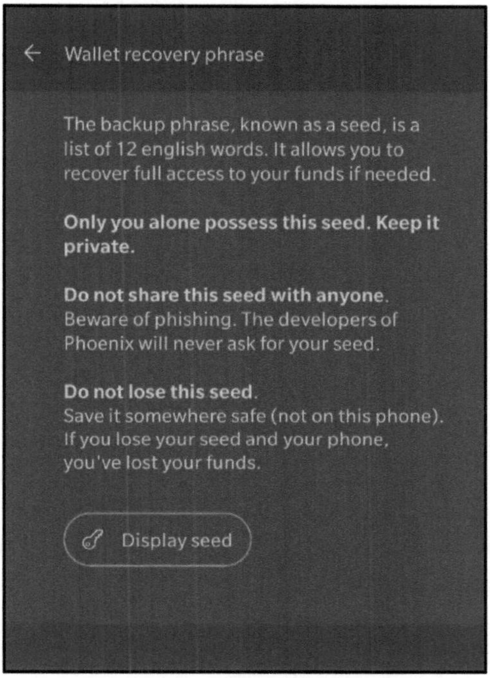

> Wichtiger Hinweis: Speichere Deine Seed-Schlüssel NICHT online oder gar digital. Schreibe Sie Dir am besten physisch mit einem Stift in ein Notizbuch auf und bewahre sie an einem Ort auf, auf den nur Du Zugriff haben wirst.

Sobald Du Deine Wallet vollständig gesichert hast, ist es an der Zeit, Deinen ersten Betrag an Bitcoin auf dem *Lightning-Network* einzuzahlen. Tippe dafür in der App auf die Schaltfläche "***Receive***", um die Empfangsseite aufzurufen, und klicke dann auf "***Show a Bitcoin address***". Nun kannst Du einen gewünschten Betrag Bitcoin an die neu generierte Bitcoin-Adresse einzahlen. Beachte, dass eine kleine Gebühr von 0,1 % für die Eröffnung des Kanals erhoben wird, um Deine Bitcoins auf das Lightning Network zu "migrieren". Du solltest aber auch nicht zu viel Bitcoin senden - irgendwo zwischen 0,0001 und 0,001 BTC (10.000 - 100.000 Satoshis) sollte mehr als genug sein, um mit dem Lightning Network zu experimentieren, bevor Du hier mit einem noch größeren Betrag herumprobieren möchtest.

Bei den meisten Lightning-Wallets gibt es ein streng-begrenztes Limit von 0,16 BTC. Sei daher vorsichtig, dass Du diesen Grenzbetrag nicht überschreitest - wenn Du Bitcoin über diese Menge hinaus versenden musst, kann es ratsam sein, dass Du eine herkömmliche *Standard-Bitcoin-Wallet* anstatt von einer *Lightning-Wallet* verwendest.

Schritt 4: Um Bitcoin über das *Lightning Network* zu empfangen, lass den Absender den *LN-URL QR-Code* scannen, damit er die Transaktion einleitet. Du kannst natürlich auch via Copy+Paste den *LN-URL-Link* an den Absender senden, um die Transaktion zu initiieren.

Fun Fact:

Eine *LN-URL* beginnt immer mit *lnbc*, gefolgt von einer langen Zeichenkette.

Um Bitcoin zu senden, klicke einfach auf die Schaltfläche "*Send*", um den *In-App-QR-Scanner* aufzurufen. Wenn nun ein LN-URL-Code gescannt wird, öffnet sich die Zahlungsseite, auf der Du den zu versendenden Bitcoin-Betrag festlegen kannst, den Du nun versenden möchtest. Klicke dafür einfach final auf "Pay", sobald Du bereit bist und der gewünschte Betrag wird von Deiner Wallet aus sofort an die gewünschte Adresse versendet.

LN-URL QR code here
Scan a QR code containing a payment request, a Bitcoin address or a LNURL
Paste data from clipboard
Cancel
99,886
42069 sat
≈ 6.77 USD
Send all
Pay

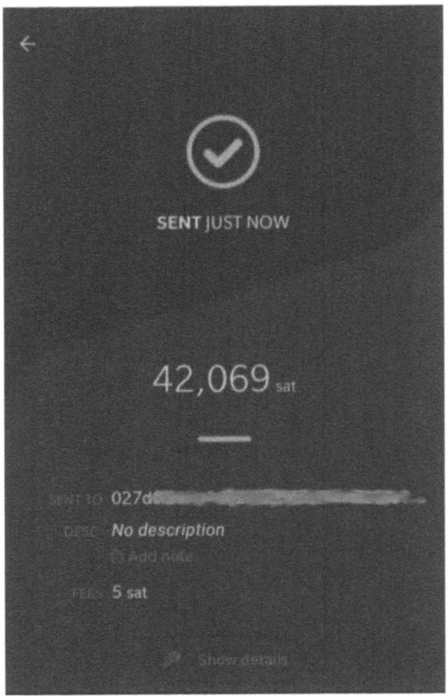

Lightning-Wallets eignen sich perfekt für kleinere Sofort-Transaktionen mit Bitcoin, wenn keine Notwendigkeit besteht, dass Deine Transaktion durch Miner bearbeitet und dauerhaft auf der Blockchain für immer gespeichert werden soll.

Wenn Du Deine Bitcoins aus dem Lightning Network zurück auf die Bitcoin-Blockchain verschieben möchtest, kannst Du dies über einen Vorgang namens "***Close all channels***" tun. Um dies zu auszuführen, klickst Du auf das "***Settings***"-Symbol in der App und klickst danach auf die Option " ***Close all channels*** ", um die Seite "***Empty wallet***" aufzurufen.

Du musst eine finale Ziel-Bitcoin-Adresse vorbereitet haben, wenn Du Deinen Lightning-Kanal schließen möchtest. Klicke danach einfach auf "***Empty my wallet***", sobald Du Deine finale Bitcoin-Adresse eingefügt hast, um Deine *Lightning-Wallet* vollständig leeren zu können.

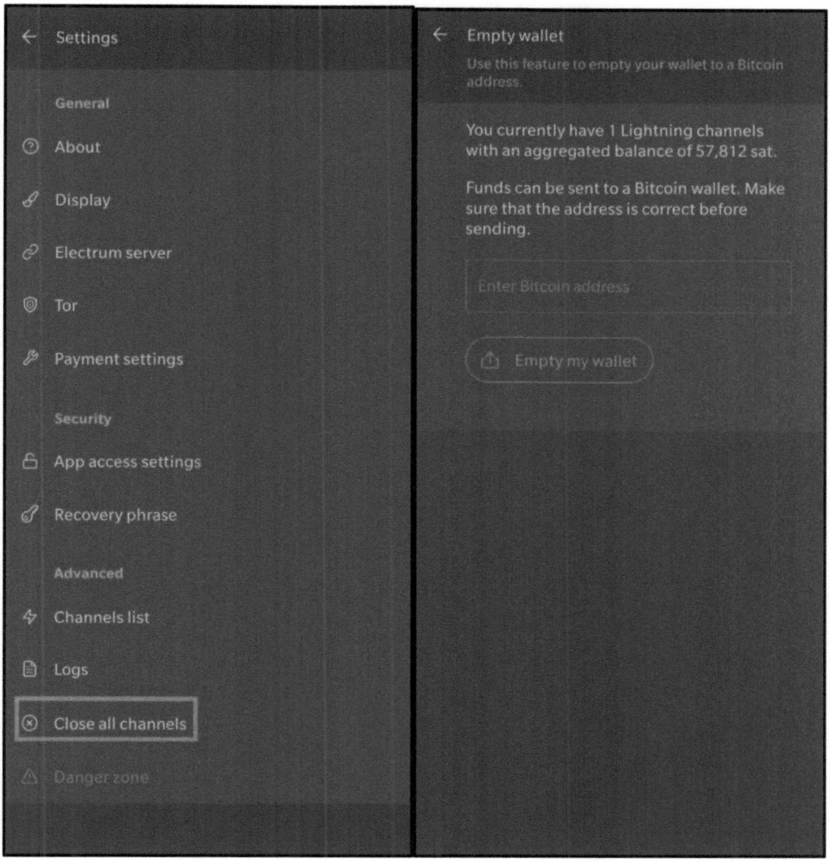
Settings
General
About
Display
Electrum server
Tor
Payment settings
Security
App access settings
Recovery phrase
Advanced
Channels list
Logs
Close all channels
Danger zone
Empty wallet
Use this feature to empty your wallet to a Bitcoin address.
You currently have 1 Lightning channels with an aggregated balance of 57,812 sat.
Funds can be sent to a Bitcoin wallet. Make sure that the address is correct before sending.
Enter Bitcoin address
Empty my wallet

Empty wallet
Use this feature to empty your wallet to a Bitcoin address.
You currently have 1 Lightning channels with an aggregated balance of 57,812 sat.
Funds sent.

Alternative Lightning Wallets

Wallet of Satoshi

Die *Wallet of Satoshi* ist eine weitere einfache, sofort einsatzbereite *Lightning-Wallet.* Lade sie einfach als App herunter und beginne mit dem Senden und Empfangen von *Lightning-Network-Zahlungen.* Diese sind nicht erforderlich, um ein Konto zu erstellen. Stattdessen fungiert Dein Gerät als Deine ID, und solange Du die AppD nicht löschst oder Dein Smartphone verlierst, kannst Du diese *Wallet* problemlos weiterverwenden. Es gibt auch eine Option, mit der Du Dich mit einer E-Mail-Adresse anmelden kannst, um Dein Konto zu sichern.

Breez

Die *Breez Wallet* ist eine Open-Source-Projekt und ebenso eine mobile *Non-Custodial-Wallet*, die auf iOS und Android verfügbar ist. Sie kann Dir dabei helfen, einen *Lightning-Network*-Kanal zu eröffnen und gibt Dir die volle Kontrolle über Deine Bitcoins.

Bluewallet

Die *Bluewallet* ist eine benutzerfreundliche *Full-Service-Bitcoin-Wallet* mit einer Unterstützung des Lightning Network. Das bedeutet, dass Du mit dieser App sowohl reguläre *On-Chain Bitcoin* als auch *Lightning-Network-Bitcoin* in einer App speichern kannst.

Kapitel 7: Erweiterte Bitcoin-Wallets

Herzlichen Glückwunsch; wenn Du es bis hierher geschafft hast! Aber wir fangen gerade erst an. In diesem Kapitel werden einige fortgeschrittene Bitcoin-Themen wie das Betreiben eines vollständigen *Node* (auch: „***Full Node***“) und die Verwendung spezieller Datenschutztechniken wie *CoinJoin* zum Senden von Transaktionen vorgestellt.

Dieses Kapitel ist übrigens nicht für Anfänger gedacht, da es sehr technisches Material und Referenzen enthält.

Bitcoin Core Full Nodes

Um tief in das "Bitcoin-Erlebnis" einzutauchen, könntest Du auch in Betracht ziehen, ein *Bitcoin-Full-Node* zu betreiben.

Ein *Full Node* ist ein Programm, dass Transaktionen und Blöcke vollständig validiert. Ein *Bitcoin Full Node* enthält eine vollständige Kopie der Bitcoin-Blockchain inkl. aller Transaktionen, die es jemals gab, und hilft dem Netzwerk, indem neue Transaktionen und Blöcke von anderen *Full Nodes* angenommen werden, um diese Transaktionen und Blöcke zu validieren und dann an andere Full Nodes weiterzuleiten.

Man kann sich den Prozess des Betreibens eines eigenen *Bitcoin-Full Node* so ähnlich wie das Betreiben einer eigenen Bank vorstellen, bei der man nicht nur für die eigenen Gelder zuständig ist, sondern auch aktiv eine Kontrollfunktion ausübt, um sicherzustellen, dass andere Banken nicht betrügen oder betrogen werden können. Das ist es, was Bitcoin-Enthusiasten mit dem Slogan "***Be your own bank***" meinen.

Die Anforderungen für eine Full Node

Der Betrieb einer *Bitcoin-Full Node* erfordert Hardware mit einer bestimmten Spezifikation, damit sie reibungslos funktioniert. Wenn Dein Computer die folgenden Anforderungen erfüllt, sollte es folglich keine Probleme mit dem Betrieb einer *Full Node* geben:

- ein Desktop-PC oder Laptop mit einer aktuellen Version von Windows, Mac OS X oder Linux
- mindestens 400 GB freier Festplattenspeicher, der mit einer minimalen Lese-/Schreibgeschwindigkeit von 100 MB/s zugänglich ist
- mindestens 2 GB Arbeitsspeicher
- eine Internetverbindung mit einer Upload-Geschwindigkeit von mindestens 400 Kilobit (50 Kilobyte) pro Sekunde
- eine nicht gebührenpflichtige Verbindung oder zumindest eine Verbindung mit hohem Upload-/Download-Kontingent; Du musst bei der Erstinstallation die gesamten 300-400 GB an Blockchain-Daten herunterladen und kannst als *Full Node* mindestens 20 bis 30 GB an Netzwerkdaten pro Monat weiterleiten
- mindestens 6 Stunden am Tag, an denen Du Deinen PC mit der eingerichteten *Full Node* im Hintergrund laufen lassen kannst; idealerweise solltest Du aber Deine *Full Node* jederzeit kontinuierlich laufen lassen

Wenn Du eine Bitcoin-*Full Node* betreibst, möchtest Du vielleicht Deinen digitalen Fußabdruck verschleiern und Deine Netzwerk-Privatsphäre erhöhen, indem Du ein *Virtual Private Network (VPN)*-Dienst oder andere Netzwerkverschleierungstechniken verwendest.

Wenn Du hierbei nicht vorsichtig bist, kann ein anderer *Full Node*, welcher regelmäßig Netzwerkinformationen an andere Nodes in der Nähe sendet, Deine Identität und Deinen Standort preisgeben. Du könnest auch in Betracht ziehen, einen vollständigen *Node* mit einem dedizierten Gerät ausschließlich für diesen Zweck zu betreiben.

Der Download

Zum Zweck der Demonstration werden wir die am weitesten verbreitete *Bitcoin-Full-Node*-Implementierung - bekannt als ***Bitcoin Core*** - auf einem Windows-Betriebssystem installieren.

Der schnellste Weg, die Software herunterzuladen, ist über den Link auf ***Bitcoin.org***. Es kann hilfreich sein, die Versionen im Github-Repository von Bitcoin zu vergleichen, da dort die *Bitcoin-Full-Node-Software* zuerst mit jedem neuen Update veröffentlicht wird, bevor sie von anderen Download-Quellen zur Verfügung gestellt wird.

In diesem Fall werden wir die Version "***bitcoin-0.20.1-win64-setup.exe***" der Installationsdatei herunterladen.

Nachdem Du die Software heruntergeladen hast, solltest Du unbedingt die digitale Signatur der Software überprüfen, bevor Du sie installierst. Du kannst dies über den Link "***Verify release signatures***" machen, über den Du eine *ASCII*-Datei mit den verschlüsselten Signaturen herunterladen kannst.

Achte hierbei auf folgende 3 Dinge:

- den verwendeten *Hash*-Algorithmus, aus der Eigenschaft "*Hash*"
- die Version der Installationssoftware, die du heruntergeladen hast
- die digitale Signatur selbst, die als eine Folge von Zufallszahlen erscheint

Um die digitale Signatur der Software zu überprüfen, klicke mit der rechten Maustaste auf die Installationsdatei und klicke dann auf "Eigenschaften", um die Eigenschaftsseite zu öffnen und auf "Sicherheit" zu klicken. Kopiere dann den "Objektnamen", auch "Dateipfad" genannt, der Datei vollständig.

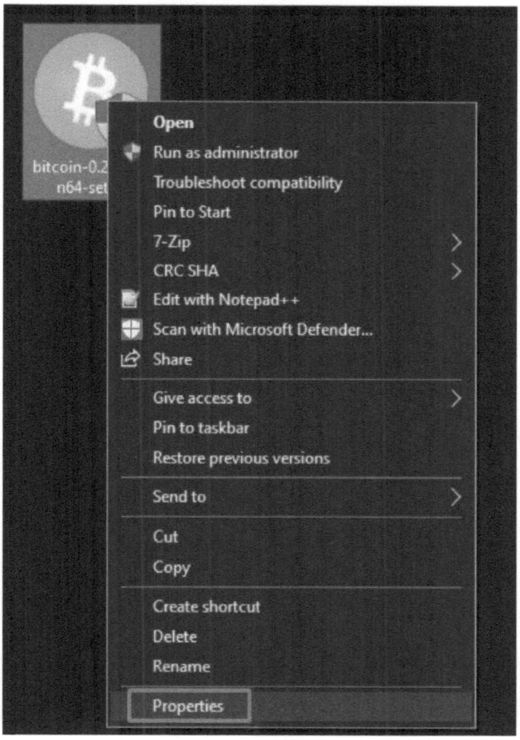

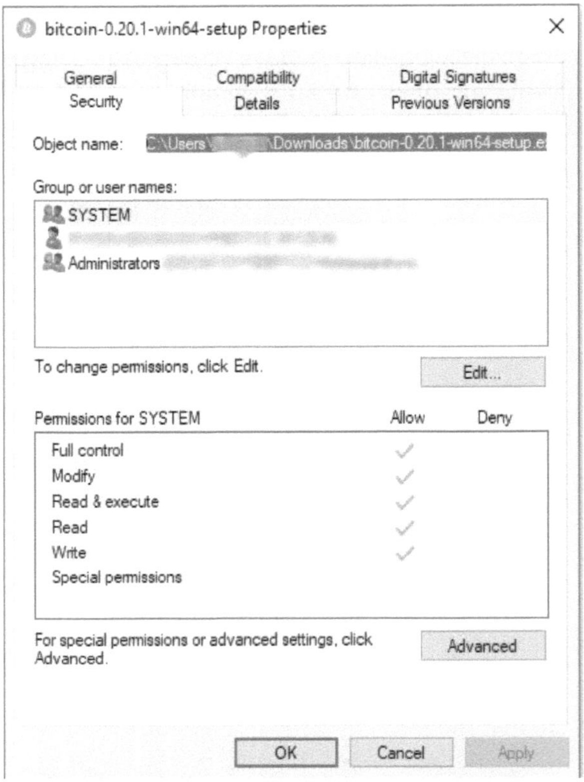

In diesem Fall sollte das ganze folgendermaßen aussehen:

C:\Benutzer\pc-name\Downloads\bitcoin-0.20.1-win64-setup.exe

Der "PC-Name" wäre hierbei der Name Deines Computers, während "Downloads" der Ordner "Downloads" wäre, in dem Deine heruntergeladenen Dateien gespeichert sind. Dein Dateipfad kann sich unterscheiden, je nachdem, wie Du Deinen Computer eingerichtet hast.

Öffne nun als nächstes das Terminal der Windows-Eingabeaufforderung. Gib dort in der Eingabeaufforderung die folgenden Befehle ein:

Certutil -hashfile C:\Users\pc-name\Downloads\bitcoin-0.20.1-win64-setup.exe SHA256

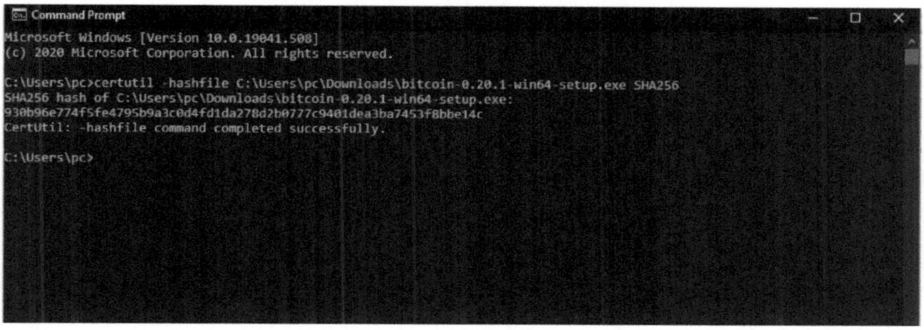

Fun Fact:

"**Certutil**" bezieht sich auf Microsofts eigene vorinstallierte Software für digitale Signaturen.

"**-hashfile**" bezieht sich auf den Befehl zum kryptografischen *Hashing* der von Dir eingefügten Datei, was zu einer digitalen Signatur führt.

"**SHA256**" bezieht sich auf den Hash-Algorithmus, mit dem Du die Software anweist, die Datei zu *hashen*.

Vielleicht fällt Dir hierbei auch auf, dass der Algorithmus den gleichen Namen hat wie der, der im Bitcoin-Protokoll verwendet wird. Das liegt ganz einfach daran, dass es sich tatsächlich um denselben Hash-Algorithmus handelt.

Vergleiche schließlich den resultierenden Hash-Wert in der Eingabeaufforderung mit dem von der Website bereitgestellten Wert. Wenn die digitale Signatur gleich ist, wurde die Software beim Herunterladen auf Deinem Computer in keiner Weise verändert.

Die Installation

Die Installation von *Bitcoin Core* ist ziemlich einfach. Folge hierbei einfach den Anweisungen auf dem Bildschirm und warte ab, bis die Installation fortgesetzt wird. Sobald die Installation abgeschlossen ist, wirst Du mit der Willkommensseite von Bitcoin Core begrüßt. Hier kannst Du auch die Einstellungen für den *Full Node* anpassen - wo die Blockchain-Daten auf Deinem Computer gespeichert wird und ob Du die Blockchain-Daten beschneiden möchtest (Löschen der Daten, nachdem Dein *Full Node* sie verifiziert hat, dadurch wird *Bitcoin Core* nicht mehr als *Full Node* auf Deinem Computer deaktiviert).

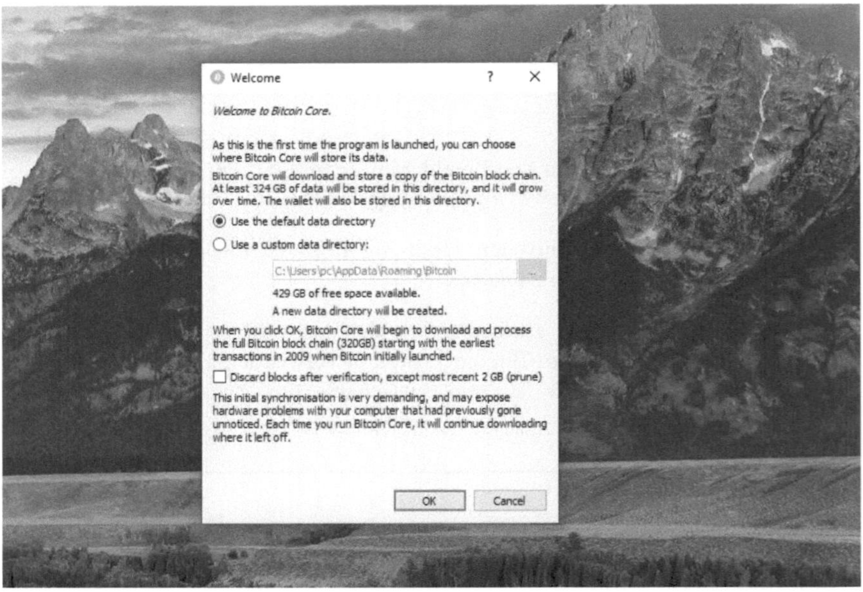

Sobald Du auf die Schaltfläche "OK" geklickt hast, beginnt sofort der erste Download der Blockchain-Daten.

Hinweis: Das Herunterladen der ersten Blockchain-Daten ist eine sehr anspruchsvolle Aufgabe für Deine Hardware. Nicht nur, dass Dein Computer nun die Daten über das P2P-Netzwerk von Bitcoin herunterladen muss (ähnlich wie beim *Torrenting*), Dein Computer muss die heruntergeladenen Daten auch unabhängig verifizieren - eine sehr rechenintensive Aufgabe.

Der Download der Bitcoin-Blockchain

Jetzt kommt das Wartespiel. *Bitcoin Core* wird nun fortfahren, die gesamte Blockchain von Bitcoin Block für Block auf Deinen Computer herunterzuladen. Dies ist bekannt als "*Initial Block Download*". Es ist ratsam, Deinen Computer für den Download laufen zu lassen, wenn Du ihn nicht für andere Dinge benutzen musst.

Es ist in Ordnung, das Bitcoin Core Programm herunterzufahren, während es noch herunterlädt, wenn Du Deinen Computer für etwas anderes benutzen musst. Der Block-Download wird dann fortgesetzt, wenn Du das Programm das nächste Mal öffnest.

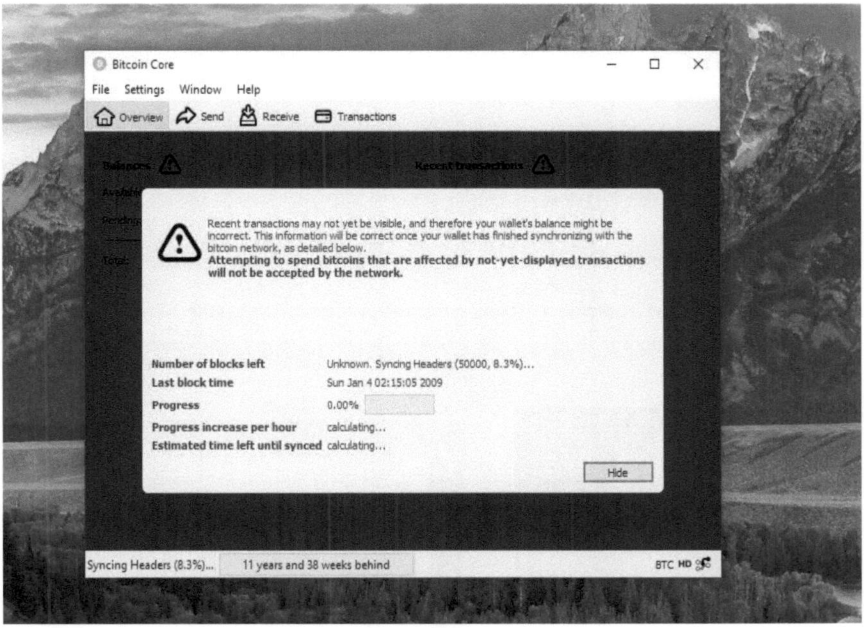

Der Network Traffic Chart

Wenn Du auf "Fenster > Netzwerkverkehr" klickst, öffnet sich das Netzwerkverkehrsdiagramm, das Live-Upload/Download-Statistiken anzeigt, während das Bitcoin Core Programm läuft. Es kann hilfreich sein, Deine Internet-Datennutzung zu überwachen, wenn diese für Dich ein Problem darstellt.

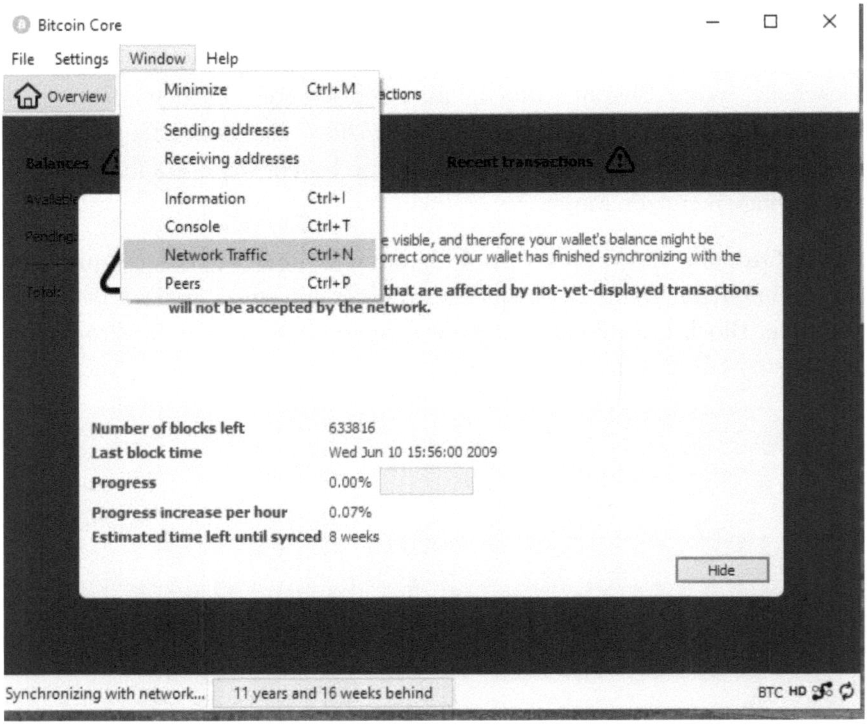

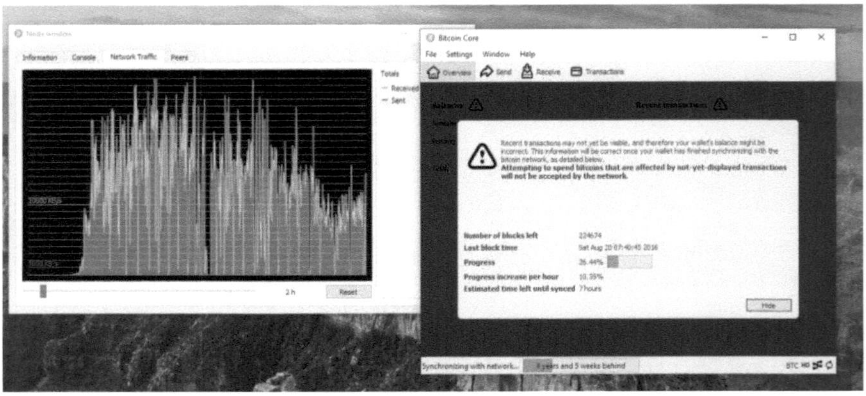

Hinweis: Die Synchronisierung der Blockchain ist eine zeitaufwändige Tätigkeit. Du lädst hierbei bis zu 350 GB an Daten von Peer-to-Peer-Knoten herunter, die mit Dir nun verbunden sind.

Die *Bitcoin Core Full Node* als *Wallet* benutzen

Es kann einige Zeit vergehen, bis der erste Block heruntergeladen ist. Sobald dies geschehen ist, herzlichen Glückwunsch! Du bist nun Teil eines globalen Netzwerks von Bitcoin-Knoten und trägst damit aktiv dazu bei, das Bitcoin-Netzwerk robuster zu machen.

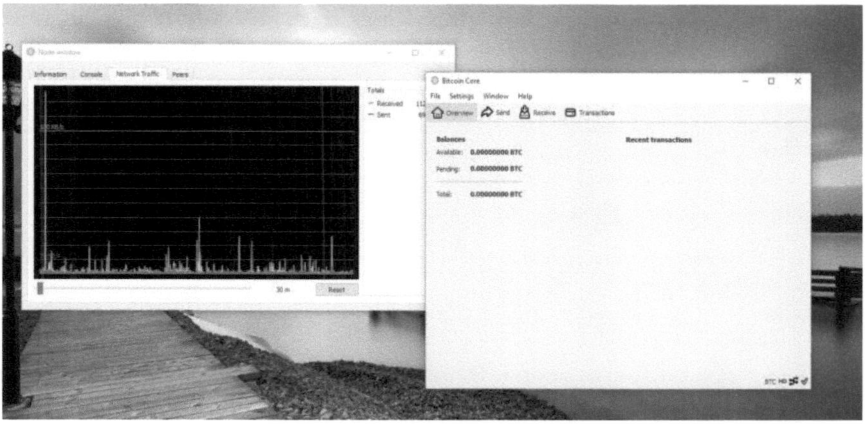

Nun, da Du die Bitcoin-Blockchain vollständig heruntergeladen hast, kannst Du mit dem Senden und Empfangen von *Bitcoin* mit *Bitcoin Core* beginnen. Die Verwendung der *Bitcoin Full Node* ist die grundlegendste Art, Bitcoin zu senden und zu empfangen. In den frühen Tagen von Bitcoin war dies übrigens die einzige Möglichkeit, Bitcoin zu senden und zu empfangen.

Bitcoin empfangen

Um Bitcoin auf Deiner *Full Node* zu empfangen, klicke einfach auf die Schaltfläche "*Receive*". Du kannst nun eine neue Bitcoin-Adresse generieren, indem Du hier auf "*Create a new receiving address*" klickst.

Du kannst nun die Adresse beschriften, den angeforderten Betrag eingeben und sogar eine Nachricht in der Adresse anhängen. Dadurch wird ein QR-Code für die Zahlungsanforderung generiert, den Dein Absender einfach scannt und die Bitcoins nun an Dich senden kann.

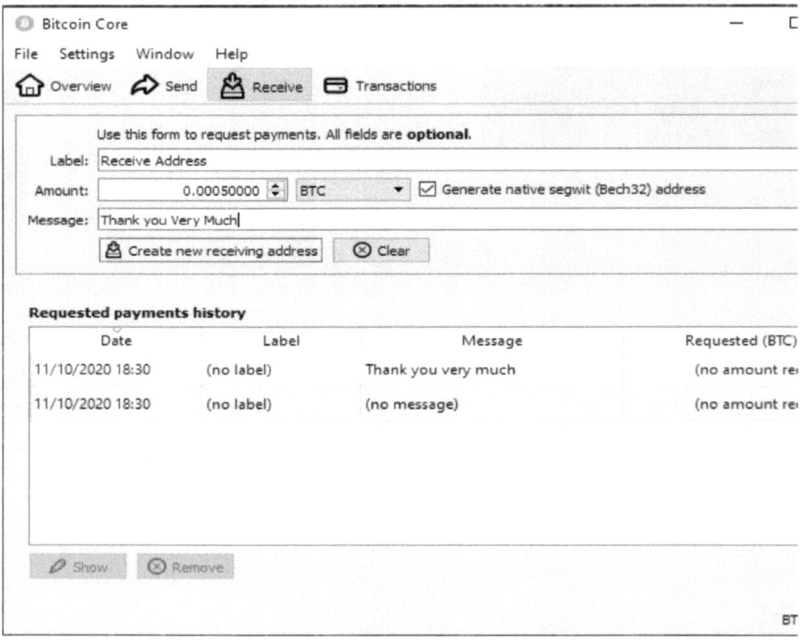

Wichtiger Hinweis: Generiere jedes Mal eine neue Bitcoin-Adresse, wenn Du eine Zahlung erhalten möchtest. Die Wiederverwendung einer Adresse stellt ein Risiko für Deine Privatsphäre dar, da Hacker in der Lage sein könnten, Deine Transaktionen zurückzuverfolgen und Dir Schaden zuzufügen.

Bitcoin versenden

Um Bitcoin zu versenden, öffnest Du einfach die Seite "***Send***" und gibst dort die gewünschte Bitcoin-Adresse und den Betrag ein, an den Du Deine Bitcoins senden möchtest. Die Kennzeichnung der Bitcoin-Adresse ermöglicht eine einfachere Referenz, wenn Du das nächste Mal Bitcoin an dieselbe Adresse senden möchtest.

Du kannst hierbei auch die Transaktionsgebühr einstellen, die Du bereit bist für diese Transaktion zu zahlen (bewertet wird dies in Sats pro Byte). Beachte dabei, dass je weniger Du zahlen möchtest, desto länger dauert es wahrscheinlich, bis Deine Transaktion von den Minern durchgeführt wird, da die Miner dazu neigen, Transaktionen mit höheren Transaktionsgebühren zu priorisieren.

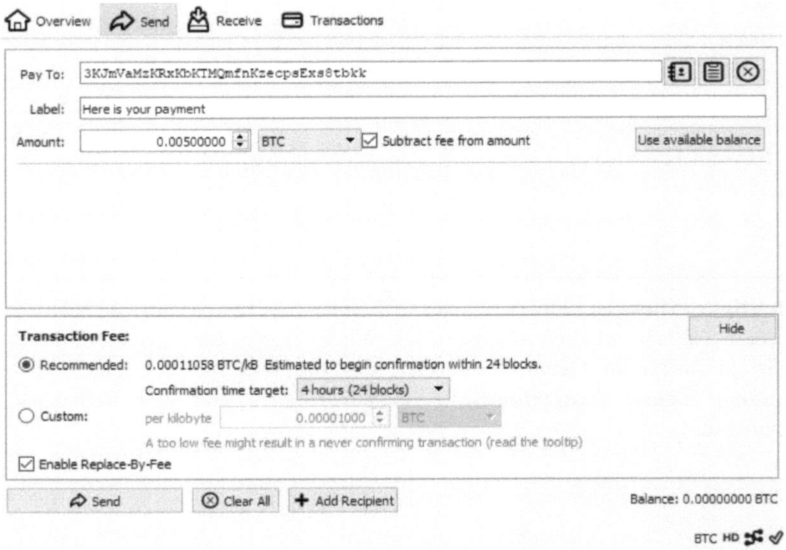

Fun Fact:
Du kannst die neuesten Gebührenschätzungen für die Durchführung von Bitcoin-Transaktionen auf *statoshi.info* sehen. Du kannst also die Gebühren danach einstellen, wie schnell Deine Bitcoin-Transaktion „gemined" und bestätigt werden sollen. Nicht jede Bitcoin-Transaktion muss sofort bestätigt werden.

Die Bitcoin Full Node nutzen

Wie der Name schon sagt, bewirkt ein *Bitcoin Full Node* mehr als nur das reine Senden und Empfangen von Bitcoin. Da ein *Full Node* die Gesamtheit der Bitcoin-Blockchain speichert, kannst Du hiermit auch alle Arten von Blockchain-Daten abfragen, um die neuesten Informationen über die Bitcoin-Blockchain zu erhalten. Rufe z. B. einfach die Bitcoin-Konsole auf, indem Du auf "Windows > Konsole" klickst, um die Konsole zu öffnen.

Einige der Beispieldaten, die Du abfragen kannst, umfasst die neuesten Bitcoin-Mining-Statistiken, Daten in einem bestimmten Block, Netzwerkinformationen über die *Bitcoin-Full Nodes*, die mit Dir verbunden sind und sogar alle ausstehenden Transaktionen, die derzeit in der Warteschlange für den Abbau durch die Miner stehen.

Hier ist ein Beispiel für eine der Abfragen, die man mit der Konsole namens *gettxoutsetinfo* aufrufen kann.

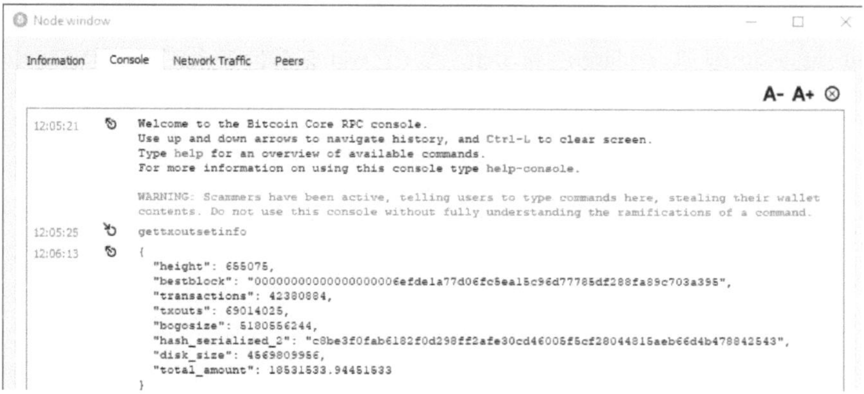

> **Fun Fact**:
> Obwohl ***gettxoutsetinfo*** eine relativ einfache Abfrage ist, werden bereits einige sehr nützliche Informationen präsentiert. Hier haben wir kurz aufgelistet, was einige der Daten bedeuten:
> **Height** = Nummer des letzten Bitcoin-Blocks
> **Transactions** = Anzahl der Transaktionen auf der Blockchain
> **Txout** = Anzahl utxo aktuell auf der Blockchain
> **Disk_size** = Größe der Blockchain in Bytes
> **Total_amount** = zirkulierender Vorrat an Bitcoin

Samourai Mobile Wallet

Um die Datenschutzfunktionen und -fähigkeiten von Bitcoin auch unterwegs voll auszuschöpfen, kannst Du die *Samourai Wallet* als Teil Deines Bitcoin-Toolkits in Betracht ziehen.

Es gibt zwar eine ganze Reihe von mobilen Bitcoin-Geldbörsen - und sogar Bitcoin-unterstützte Krypto-Wallets -, aber keine von ihnen kann mit *Samourai Wallet* in Bezug auf die Funktionen mithalten.

Im Gegensatz zu den typischen mobilen *Wallets*, die Bitcoin-Transaktionen auf einfache Weise senden, wurde die *Samourai Wallet* mit der Philosophie entwickelt, "die Software zu schaffen, die das Silicon Valley nie bauen wird, die die Regulierungsbehörden nie erlauben werden und in die VCs nie investieren werden".

Verschiedene Funktionen wie *Paynym* , *Stonewall* und *Whirlpool* macht Bitcoin-Transaktionen viel widerstandsfähiger gegen Stalker, die Deine Transaktionen verfolgen könnten. Ein Highlight ist die so genannte *CoinJoin*-Funktion, die wir Dir in Kapitel 8 erklären werden. Auch wenn Du nicht vorhast, diese Funktionen zu nutzen, ist es immer gut, die verfügbaren Optionen zu kennen.

Installation

Schritt 1: Der beste Ort, um den Download-Link für *Samourai Wallet* zu finden, ist über die Download-Seite der offiziellen Website. Du kannst entweder die APK-Dateien direkt herunterladen oder auf die *Google Play Store*-Seite gehen. Wenn Du Dich für den Download der APK-Dateien entscheidest, stellst Du damit sicher, dass Deine digitale Signatur zusätzlich noch einmal überprüft wird.

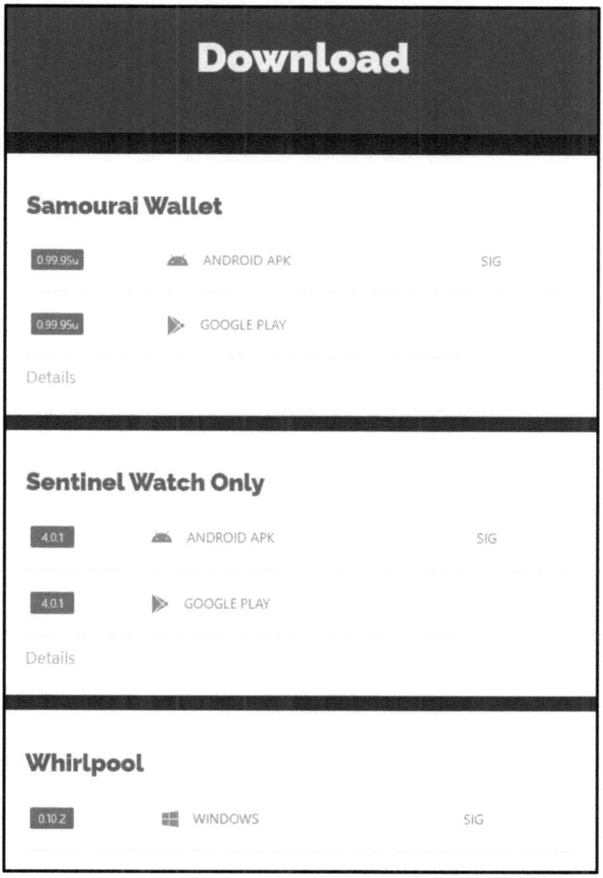

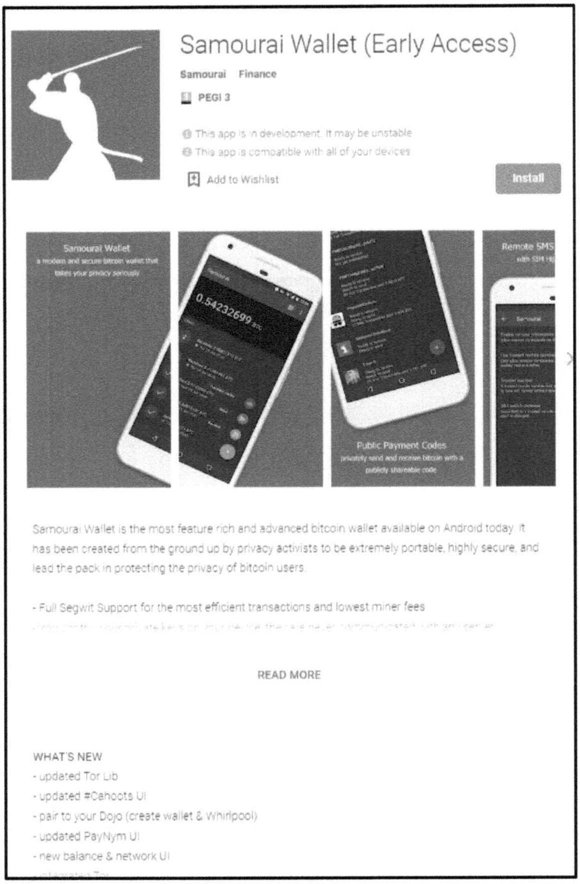

Einrichten

Schritt 2:

Installiere die App auf Deinem Android-Smartphone und folge dann den Einrichtungsanweisungen. *Samourai Wallet* kommt mit einem eingebauten TOR (der Zwiebel-Router) Anonymitätsnetzwerk, um Dir zu ermöglichen, Deine Bitcoin-Transaktion auf dem TOR-Netzwerk zu übertragen.

Die Aktivierung von TOR bei der Verwendung von *Samourai* bietet eine weitere Reihe von Anonymitätsvorteilen zusätzlich zu den Datenschutz-Tools, die Du innerhalb der App verwenden wirst.

Schritt 3: Notiere Dir Deine Passphrase, PIN und Deinen 12-Wörter-Mnemonikschlüssel.

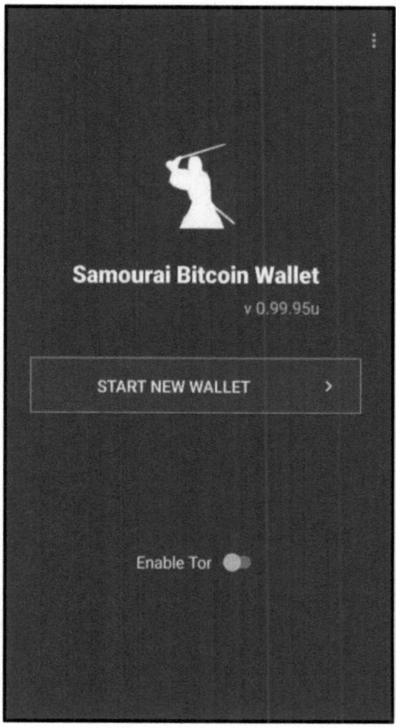
Samourai Bitcoin Wallet
v 0.99.95u
START NEW WALLET
Enable Tor

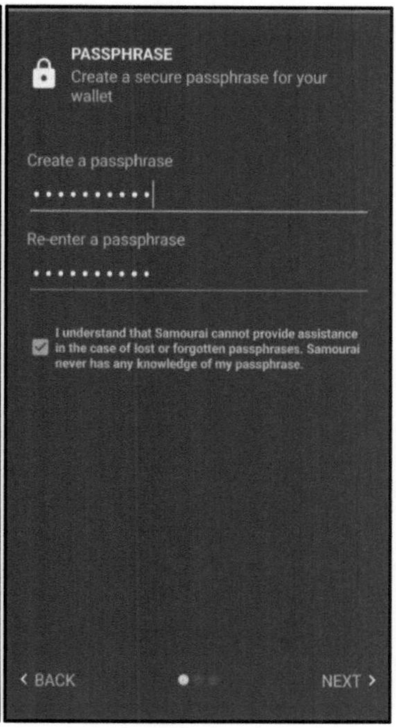
PASSPHRASE
Create a secure passphrase for your wallet
Create a passphrase
Re-enter a passphrase
I understand that Samourai cannot provide assistance in the case of lost or forgotten passphrases. Samourai never has any knowledge of my passphrase.
BACK
NEXT

Bitcoin erhalten

Schritt 4: Du hast nun die Einrichtung der mobilen Wallet *Samourai* erfolgreich abgeschlossen und kannst Dir den Hauptbildschirm ansehen, auf dem Dir verschiedene Funktionen zur Verfügung stehen. Wenn Du auf das Menü unten rechts im Bildschirm tippst, werden *Whirlpool*, *PayNyms*, *Senden* (Send) und *Empfangen* (Receive) angezeigt.

Schritt 5: Um Bitcoin zu empfangen, tippe einfach auf das Symbol "Empfangen" (Receive) und sende die angezeigte Adresse an den Absender. Alternativ kann dafür auch der erstellte QR-Code eingescannt werden.

Schritt 6: Um Deine Empfangsadresse anzupassen, tippe auf das Symbol "Erweitert" (Advanced), mit dem Du den Typ der Bitcoin-Adresse auswählen oder sogar eine Bitcoin-Zahlungsanfrage für einen bestimmten Betrag erstellen kannst.

0 BTC
Whirlpool
PayNyms
Send
Receive
bc1q98kgm9ce4j8vp6n85gkdyrcx76ku
Advanced

Hinweis: "SegWit native"-Adressen sind in der Regel die beste Option für Bitcoin-Zahlungen aufgrund der niedrigeren Gebühren und der größeren Flexibilität bei der Anwendung von Datenschutzfunktionen durch die *Samourai Wallet*.

Bitcoin versenden

Schritt 7: Das Senden von Bitcoin über die *Samourai Wallet* bietet Dir eine große Flexibilität bei der Auswahl der Arten von On-Chain-Datenschutzfunktionen, die Du Dir für Deine Transaktion wünschst. Tippe nun auf das "Senden"-Symbol auf der Hauptseite, um zur Seite "Senden" zu gelangen.

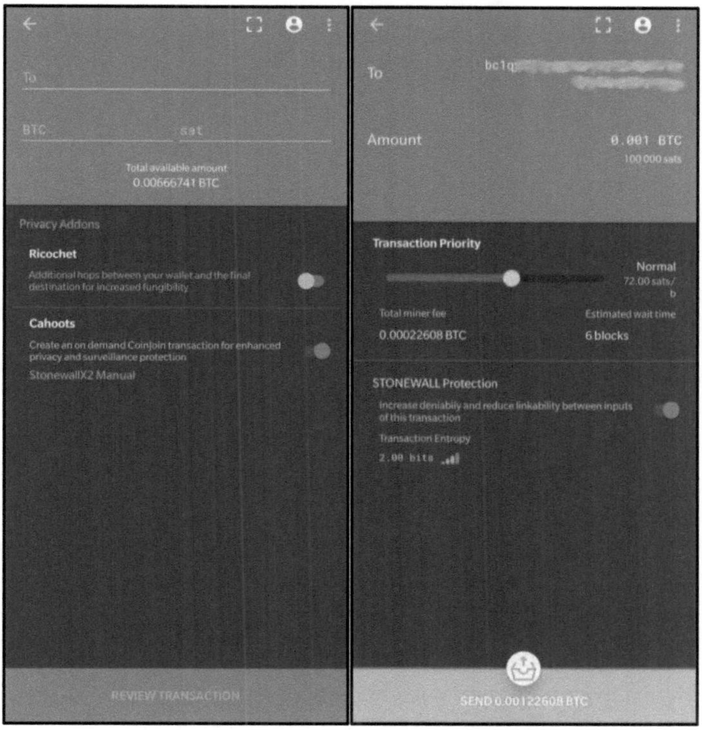

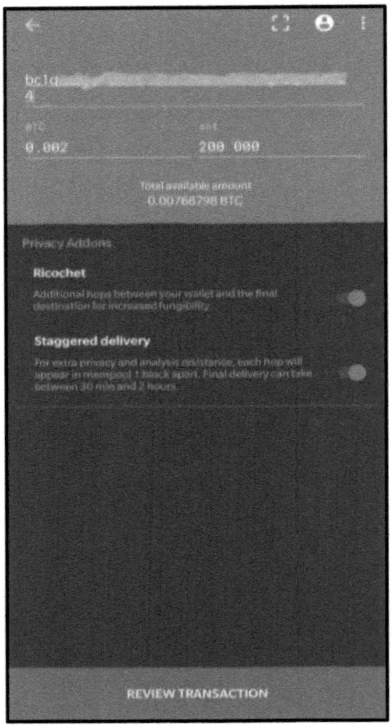

Hier ist ein kurzer Überblick über die verschiedenen Datenschutzfunktionen und wie Du die Transaktion beeinflussen kannst:

- **Ricochet** = Mehrere "gefälschte Transaktionen" oder Hops werden durchgeführt, bevor der Bitcoin Deine gewünschte Zieladresse erreicht. Diese Funktion soll außenstehenden Beobachtern vorgaukeln, dass der Bitcoin durch viele Hände gegangen ist, wodurch die Verbindung zwischen Sender und Empfänger unterbrochen wird.
- **Staggered delivery** = eine Modifikation von Ricochet, bei der es eine Zeitverzögerung zwischen jedem Hop gibt, um außenstehende Beobachter weiter zu täuschen.
- **Stonewall** = eine "gefälschte" CoinJoin-Transaktion zwischen Sender und Empfänger, um es einem außenstehenden Beobachter schwerer zu machen, festzustellen, welche Adresse wie viel Bitcoin sendet. Diese Transaktion gaukelt dem Stalker vor, dass an der Transaktion mehr als zwei Parteien beteiligt sind.
- **Cahoot** = eine „Collaborative Transaction"; bei diesen Transaktionsarten müssen sowohl der Sender als auch der Empfänger aktiv eine CoinJoin-Transaktion einrichten.

Samourai Whirlpool (CoinJoin)

Im Kern ist *CoinJoin* eine vertrauenswürdige Methode, um mehrere Bitcoin-Zahlungen von mehreren Ausgebenden in einer einzigen Transaktion zu kombinieren, um es für Außenstehende schwieriger zu machen, festzustellen, welcher Ausgebende, welche Empfänger bezahlt hat. *CoinJoin*-Transaktionen erfordern keine Änderung des Bitcoin-Protokolls, d. h. sie können auf der Bitcoin-Blockchain selbst durchgeführt werden.

Samourai Whirlpool ist eine solche CoinJoin-Implementierung, die es Benutzern ermöglicht, eine CoinJoin-Transaktion auf einfache Weise durchzuführen.

Schritt 1: Um einen *CoinJoin* durchzuführen, tippe auf die Menütaste, gefolgt von "*Whirlpool*".

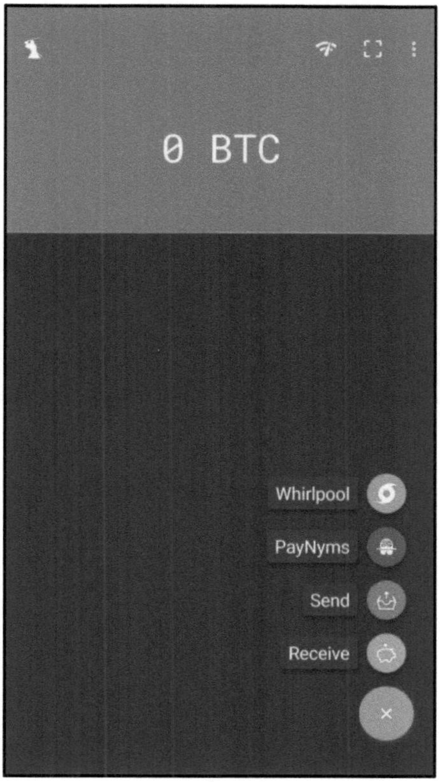

Dadurch gelangst Du nun zum Bildschirm "*Whirlpool*". Da keine *CoinJoin*-Transaktion durchgeführt wurde, ist der Saldo noch null. Tippe auf das Symbol "*Whirlpool*" unten rechts, um fortzufahren.

Terms Recap:

UTXO = Dein Bitcoin (grundsätzlich)

Premix = Anzahl von Bitcoin, die noch nicht durch den Whirlpool-Mixer gegangen sind.

Postmix = Anzahl an Bitcoin, die bereits durch Whirlpool gemischt wurden.

Du wirst nun aufgefordert, entweder "UTXOs zu mischen" (Mix UTXOs) oder "Gemischte UTXOs auszugeben" (Spend Mixed UTXOs). Tippe auf die Schaltfläche "Mix UTXOs", um fortzufahren.

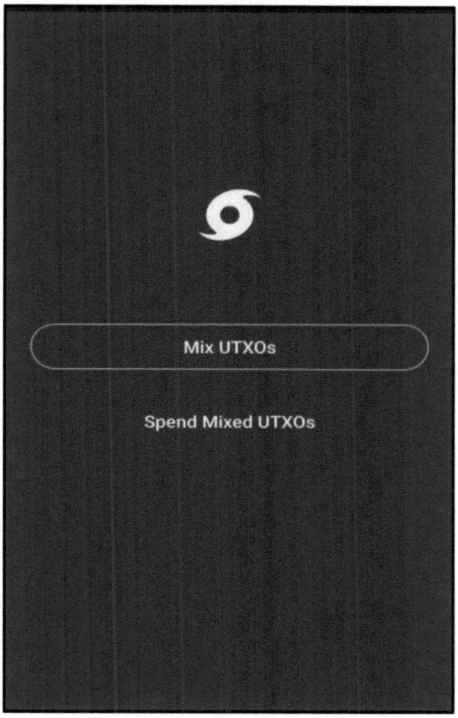

Das Guthaben in Deiner *Wallet* wird nun angezeigt. Du kannst nun auswählen, welches UXTO-Set Du dem Mix hinzufügen möchtest.

Aufgrund der Implementierungsgrenzen von *Samourai Whirlpool* ist das Mischen von Bitcoin bei *Coinjoin* auf eine Reihe fester Zahlen (0,01, 0,05 und 0,5) begrenzt. Jeder Teilnehmer muss die gleiche Menge an Bitcoin einbringen, damit *Coinjoin* funktioniert.

Stell Dir das so vor, als würdest Du ein Ticket für frisches Geld kaufen, wobei der Ticketpreis dem Geld entspricht, das Du am Ende des Tages erhalten wirst. Daher muss jeder Teilnehmer, der an der Vermischung teilnehmen möchte, den gleichen Betrag gemäß dem Preis des Tickets einzahlen.

Wähle den Pool, dem Du beitreten möchtest, abhängig von Deinem Guthaben. In diesem Beispiel haben wir uns für den 0,01 BTC-Pool entschieden. Die Zykluspriorität bestimmt die Geschwindigkeit des Mischens.

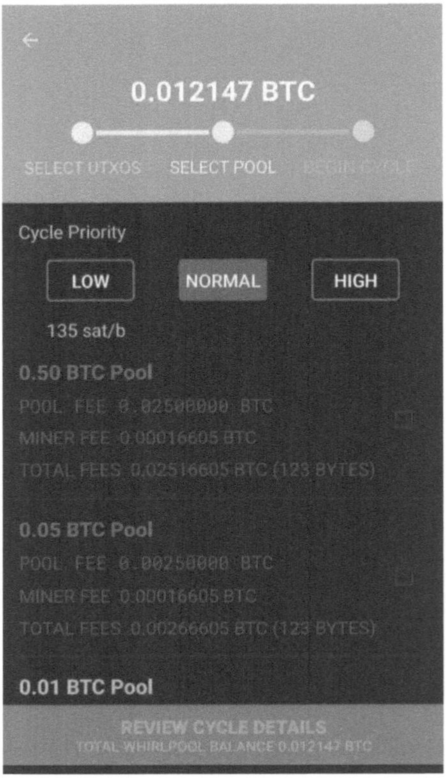

Sobald Du den entsprechenden Pool ausgewählt hast, kannst Du mit dem *CoinJoin*-Vorgang beginnen.

Beachte, dass Du nur eine einmalige Gebühr zahlen musst, um den Whirlpool-Zyklus zu beginnen. Sobald Deine Bitcoins jedoch gemischt sind, kann es zu unendlich vielen Mischungen kommen, solange Du Deinen Anteil nicht aktiv aus dem Whirlpool abhebst.

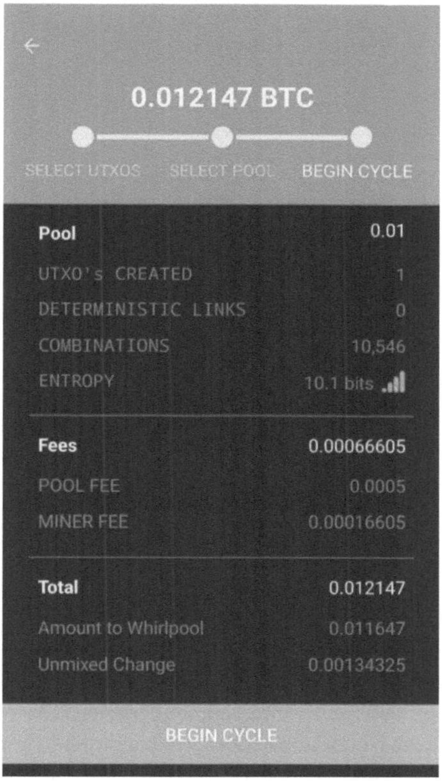

Kurz bevor der Prozess beginnt, wirst Du in einer Popup-Benachrichtigung aufgefordert, das "*Doxxic Change*" für die Ausgabe in Deiner Wallet zu blockieren. Es ist eine gute Idee, jetzt auf "JA" zu tippen, um der *Samourai-Wallet* zu erlauben, den Doxxic-Bitcoin zu markieren.

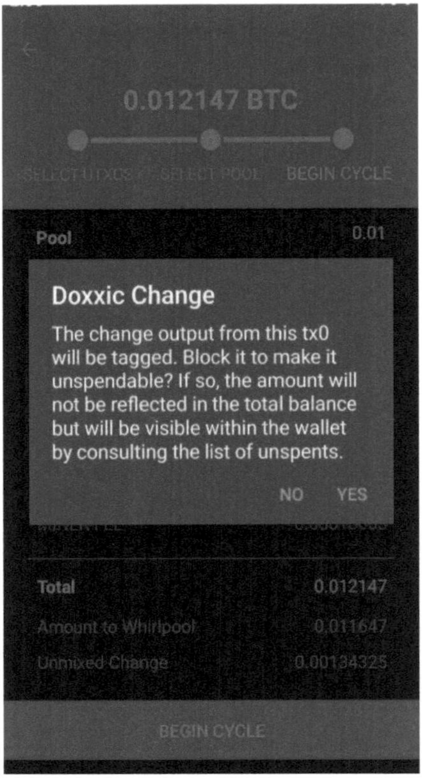

Wichtiger Hinweis: "Doxxic", ein Portmanteau aus "dox" und "toxic", sind "Rest"-Bitcoin von den Adressen, von denen Du ursprünglich die Bitcoins ziehst. Da die Bitcoins von der gleichen Adresse kommen, ist es für außenstehende Beobachter möglich, Deine Postmix-Bitcoins mit Deiner ursprünglichen Premix-Adresse zu verknüpfen. Dadurch wird der Zweck des CoinJoin vereitelt.

Die Transaktion wird in die Warteschlange aufgenommen und beginnt zu mischen. Aufgrund der aktuellen Einschränkungen der Whirlpool-Implementierung kann die *Samourai-Wallet-App* nur fortfahren, während sie auf Deinem Smartphone läuft.

Stelle Dir die Whirlpool-Funktion als eine Waschmaschine vor, die nur läuft, wenn sie online ist. Als Faustregel ist es am besten, den Whirlpool so lange wie möglich laufen zu lassen, um maximale Effektivität zu erreichen. Whirlpool wird sich mit jedem neu eintreffenden Teilnehmer in den Pool weiter vermischen, was die Anonymität Deiner Postmix-Bitcoins weiter erhöht.

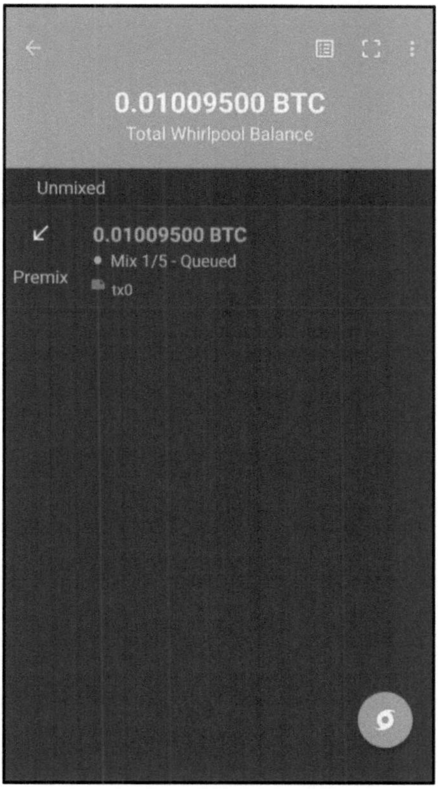

Das Mischen ist nun abgeschlossen und kann ausgegeben werden. Es gibt auch die Möglichkeit, der Transaktion Notizen hinzuzufügen. Wir haben unsere mit "Mixed BTC" beschriftet.

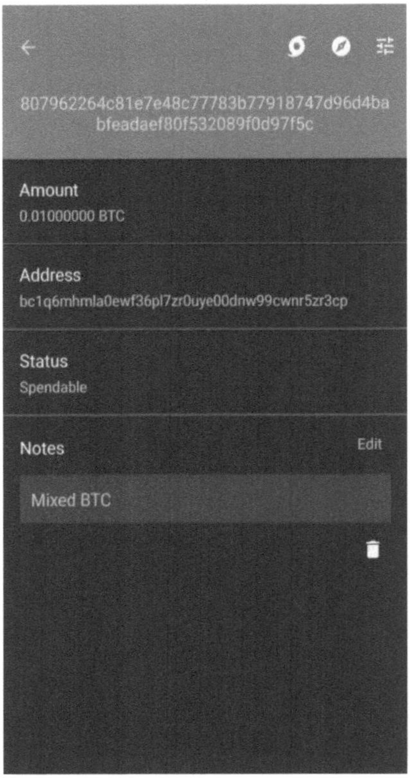

Um auf Deine "Gemischten BTC" zuzugreifen, gehe einfach auf den Startbildschirm und tippe auf das Samourai-Symbol in der oberen linken Ecke.

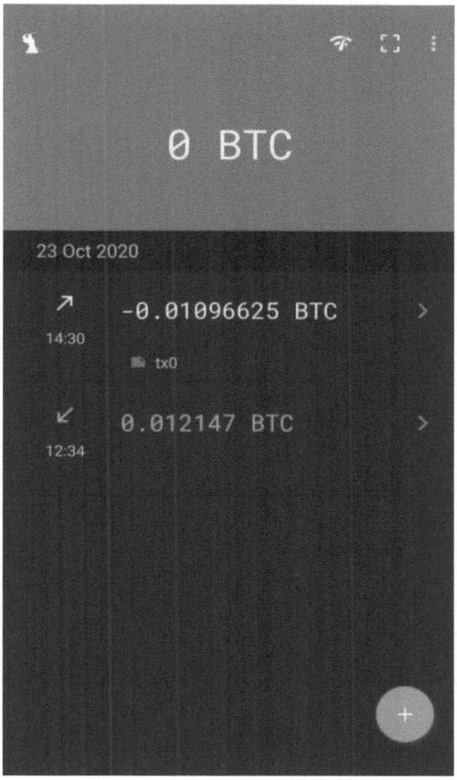

Dies wird Dein gemischtes Guthaben sein, das Du an andere Geldbörsen senden kannst, indem Du auf das Symbol in der rechten unteren Ecke tippst.

Herzlichen Glückwunsch, Du hast nun erfolgreich eine CoinJoin-Transaktion durchgeführt.

Kapitel 8: Die Weiterentwicklung von Bitcoin

Obwohl Bitcoin die bekannteste und wertvollste Kryptowährung der Welt ist, ist sie nicht komplikationsfrei. Skalierbarkeitsprobleme, die aus Code- und Hardwarebeschränkungen resultieren, plagten das Netzwerk seit seiner Gründung und hinderten es daran, ein hocheffizientes und lebensfähiges globales Zahlungssystem zu werden.

Umgekehrt haben die Mitglieder der Bitcoin-Community und die Entwickler über die Jahre hinweg zusammengearbeitet, um das Bitcoin-Protokoll auf verschiedene Arten zu verbessern. In diesem Kapitel werden wir einen genaueren Blick auf einige der Hauptprobleme werfen, mit denen Bitcoin-Benutzer konfrontiert sind, sowie auf die Lösungen, die zur Behebung der Probleme entwickelt wurden.

Skalierbarkeit

Das Problem der Skalierbarkeit von Bitcoin ist eines der am häufigsten diskutierten Themen unter den Bitcoin-Entwicklern und aller Community-Mitgliedern. Verglichen mit dem Zahlungsnetzwerk von Visa, das angeblich etwa 24.000 Transaktionen pro Sekunde verarbeiten kann, kann das Bitcoin-Netzwerk nur durchschnittlich 7 Transaktionen pro Sekunde verarbeiten. Dies stellt ein großes Hindernis auf dem Weg zur weltweiten Akzeptanz als alternatives Zahlungssystem dar.

Zwei häufig zitierte Bemühungen, die Skalierbarkeit von Bitcoin zu verbessern, sind die *Segregated Witness (SegWit)* und das *Lightning Network (LN)*.

SegWit: Segregated Witness

> Indem man einige Daten aus jeder Bitcoin-Transaktion entfernt, kann man mehr Transaktionen in jeden Block packen (alle 10 Minuten) und somit einen höheren Transaktionsdurchsatz erreichen.

Bitcoin wurde mit einer Blockgrößenbegrenzung von 1 MB pro Block programmiert. Da jede Transaktion etwa 250 Bytes Platz einnimmt, ist die einzige Möglichkeit, mehr Transaktionen alle 10 Minuten zu verarbeiten, die Vergrößerung der Blockgröße oder die Reduzierung der Transaktionsgröße.

Der SegWit-Vorschlag zielt darauf ab, die Transaktionsgröße zu reduzieren, indem digitale Signaturen außerhalb des Blocks auf der Bitcoin-Blockchain abgesondert werden. Dies würde etwa 60% des Blocks eines Bitcoins freisetzen, wodurch mehr Transaktionen in einen Block gepackt werden könnten. Der *SegWit*-Vorschlag erhielt grünes Licht von der Community gemäß dem so genannten *New York Agreement (NYA)* und wurde als Teil des BIP 141 aufgenommen.

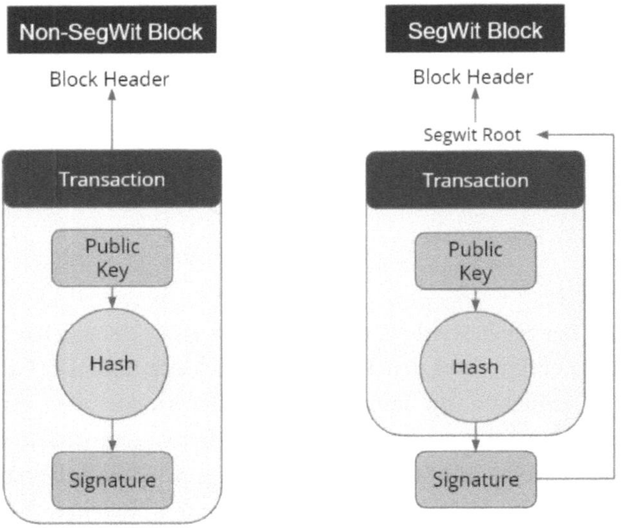

Difference between non-SegWit blocks and SegWit blocks

Das Entfernen der digitalen Signatur außerhalb jeder Transaktion hat keinen Einfluss auf eine Transaktion, da die Wirkung jeder Transaktion durch die Ausgabe bestimmt wird, oder wie viel und wo es ausgegeben wird. Die digitale Unterschrift wird nur benötigt, um die Transaktion auf der Blockchain zu validieren, aber nicht, um sie zu bestimmen.

Vor diesem Hintergrund schlug Dr. Peter Wuille, ein Bitcoin-Entwickler, ein Upgrade des Bitcoin-Protokolls vor, das als *Segregated Witness*, kurz *SegWit*, bekannt ist. Digitale Signaturen nehmen mehr als die Hälfte des Platzes in einer Transaktion ein und *SegWit* versucht, die Signatur von der Eingabe zu trennen, indem es sie an das Ende der Transaktion verschiebt. Diese Reduzierung des benötigten Blockanteils pro Transaktion ermöglichte eine Erhöhung der maximalen theoretischen Blockkapazität von 1 MB auf 4 MB.

Am 24. August 2017 wurde *SegWit* erfolgreich als *Soft-Fork* in das Bitcoin-Protokoll aufgenommen und der Durchsatz für das Bitcoin-Netzwerk stieg von 3 Transaktionen pro Sekunde auf 7 Transaktionen pro Sekunde.

Darüber hinaus hat *SegWit* auch die sogenannte *Transaction Malleability* behoben, bei der Transaktionen so verändert werden können, dass sie anders "aussehen", ohne den zugrunde liegenden Transaktionsbetrag tatsächlich zu beeinflussen. Die Lösung dieses Problems ebnete den Weg für die Entwicklung von so genannten *Layer-2*-Protokollen wie dem Lightning Network, das wir als nächstes behandeln werden.

LN: Lightning Network

> Durch die Verarbeitung von Transaktionen auf einer zweiten Ebene der Blockchain (Layer-2), die schnellere und günstigere Transaktionen ermöglicht, ohne die Haupt-Bitcoin-Ebene zu belasten, hat das *Lightning Network* das Potenzial, die Skalierungsprobleme von Bitcoin zu lösen. Beachte, dass *Lightning Network* jedoch immer noch ein Projekt, welches nicht ausgereift ist. (Stand: Dezember 2020).

Obwohl *SegWit* die Fähigkeiten von Bitcoin bei der Verarbeitung von Transaktionen verbessert hat, ist es nur eine der vielen Lösungen, die vorgeschlagen wurden, damit das Netzwerk mit den etablierten Zahlungsgiganten konkurrieren kann. Eine der interessanteren Funktionen, die viel Aufmerksamkeit erhalten hat, ist das *Lightning Network (LN)*, eine vorgeschlagene und experimentelle Skalierbarkeitslösung, um einige der potenziellen Probleme im Bitcoin-Netzwerk anzugehen, da mehr Nutzer das Netzwerk unweigerlich nutzen und damit die Blockchain verlangsamen.

Durch das Design sind Bitcoin-Transaktionen überwältigend unveränderlich und sicher. Sobald eine Transaktion an das Bitcoin-Netzwerk gesendet wird, werden Tausende von Minern und *Nodes* die Daten berechnen, hacken und unveränderlich auf der Blockchain speichern. Dies macht es jedoch auch unbequem für einfache Zahlungen wie den Kauf eines Kaffee oder das Zuteilen von kleineren Trinkgeldern an Online-Inhaltsersteller.

Einfach ausgedrückt, wurde dieses *Lighting Network* deshalb als ein Abwicklungsnetzwerk der zweiten Ebene konzipiert, das auf dem Bitcoin-Netzwerk aufbaut. Es ist ein skalierbares, sofortiges und effizientes Zahlungssystem, das sich auf kleine Transaktionen konzentriert, die in weniger Transaktionen konsolidiert werden können, bevor sie auf das Bitcoin-Netzwerk übertragen werden.

Mit dem *Lightning Network* werden Transaktionen auf dem Netzwerk der zweiten Ebene der Blockchain verarbeitet und schließlich auf der Haupt-Blockchain (der ersten Ebene) verifiziert. Dies hilft nicht nur, den On-Chain-Verkehr zu reduzieren, sondern auch überhöhte Gebühren zu vermeiden, die durch überlastete Transaktionen verursacht werden, da zahlreiche Transaktionen nun als eine einzige Transaktion auf der Haupt-Blockchain aufgezeichnet werden können. Es wurde gesagt, dass das Lightning Network theoretisch bis zu 1 Million Transaktionen pro Sekunde verarbeitet werden kann, was die 7 Transaktionen pro Sekunde von Bitcoin natürlich bei weitem überragt.

Die Philosophie, die hinter dem *Lightning Network* steht, ist so alt wie Bitcoin selbst. In der Tat entwarf *Satoshi Nakamoto* die Codes schließlich dafür, um *Bitcoin* zwischen dem *Lightning Network* von der *Bitcoin-Blockchain* zu bewegen.

```
        // Check for conflicts with in-memory transactions
        CTransaction* ptxOld = NULL;
        for (int i = 0; i < vin.size(); i++)
        {
            COutPoint outpoint = vin[i].prevout;
            if (mapNextTx.count(outpoint))
            {
                // Allow replacing with a newer version of the same transaction
                if (i != 0)
                    return false;
                ptxOld = mapNextTx[outpoint].ptx;
                if (!IsNewerThan(*ptxOld))
                    return false;
                for (int i = 0; i < vin.size(); i++)
```

Ein Code-Blob im Bitcoin-Code, der ursprünglich von Nakamoto geschrieben wurde und die Basis für das Lightning Network sein sollte. Quelle: historical repository of Satoshi Nakamoto's original bitcoin source code

Lightning-Network-Zahlungen erfolgen nahezu sofort und haben äußerst niedrige Gebühren, was viele Möglichkeiten eröffnet und eine der vielen Qualitäten ist, die für ein lebensfähiges globales Zahlungssystem erforderlich sind.

Ein sehr interessantes Experiment, das schon früher durchgeführt wurde, war die *Lightning-Torch*, bei der ein Betrag von Satoshis an einen vertrauenswürdigen Benutzer, den "Fackelträger", gesendet wurde. Dies sollte danach immer weitergehen, bis ein böswilliger Akteur sich entscheidet, diese „Fackel" nicht mehr weiterzugeben. Experimente wie dieses wurden schnell zu einem Testfeld für die frühesten Versionen von Lightning Network. Die populärste Variante wurde von einem pseudonymen Twitter-Nutzer namens *hodlona*ut gestartet, der sich schnell zu einem globalen Phänomen entwickelte.

Im Dezember 2020 gilt das *Lightning-Network* jedoch immer noch als in der Entwicklung befindlich und noch nicht als voll einsatzfähig. Teams wie *ACINQ*, *Blockstream* und *Lightning Labs* arbeiten immer noch engagiert daran, ihre eigenen Versionen vom Lightning-Network zu entwickeln, aber niemand kann sicherstellen, dass die jeweiligen Version voll funktionsfähig und fehlerfrei wären, sodass man hier als Nutzer noch warten muss.

Privatsphäre

Ein weiteres großes Anliegen für *Bitcoin* ist die Privatsphäre. Während die Adressen selbst keine persönlich identifizierbaren Informationen enthalten, sind alle Transaktionen öffentlich, nachvollziehbar und dauerhaft auf der Bitcoin-Blockchain gespeichert.

Da Benutzer sich selbst offenbaren müssen, wenn sie Transaktionen durchführen, können sie ihre gesamte Transaktionshistorie für Leute, die sie einsehen wollen, zur Verfügung stellen. Während gute Praktiken wie die Verwendung einer neuen Adresse für jede Zahlung helfen können, löst es das Problem nicht vollständig und Bitcoin-Zahlungen sind immer noch nicht ganz privat und verborgen.

CoinJoin

Obwohl *Bitcoin* dafür bekannt ist, dass Benutzer ihre Transaktionen anonym durchführen können, ist es nicht völlig privat für die Beteiligten, die wissen, wonach sie suchen müssen. Transaktionen können immer noch mit Deiner Bitcoin-Adresse verfolgt werden und daher bleiben die Benutzer nicht völlig anonym.

Das ist genau der Punkt, an dem *CoinJoin* hinsichtlich der Anonymität im Bitcoin-Protokoll zu einem Game Changer wird. Vorgeschlagen von Greg Maxwell, einem Bitcoin-Core-Entwickler, fasst CoinJoin mehrere Zahlungen von verschiedenen Personen zu einer einzigen Transaktion zusammen und macht sie so durch ein kräftiges Vermischen ununterscheidbar von normalen einzelnen Transaktionen. Hierdurch wird es für externe Beobachter schwieriger, die Empfänger einer bestimmten Zahlung zu ermitteln. Als zusätzlicher Bonus für die Nützlichkeit und Bequemlichkeit erfordert *CoinJoin* außerdem kein Upgrade des bestehenden Bitcoin-Protokolls.

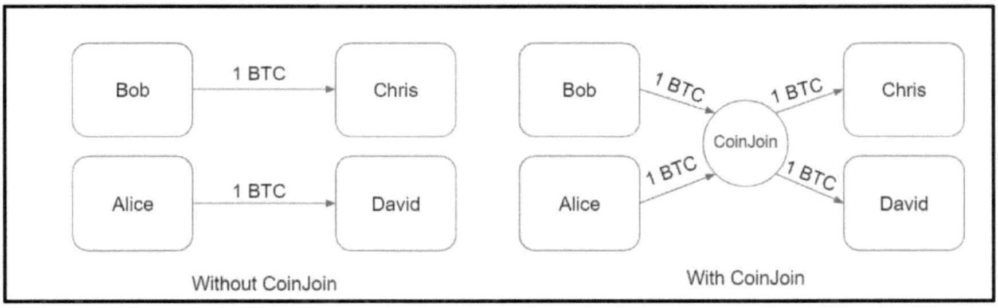

PayJoin

CoinJoin muss sich nicht auf Einweg-Transaktionen beschränken - zwei Parteien können eine gegenseitige Zahlung über eine spezielle *CoinJoin*-Transaktion, auch „***PayJoin***" genannt, veranlassen, die andere und vielleicht bessere Datenschutzfunktionen hat. Der Grund dafür ist, dass *PayJoin*-Transaktionen keine spezifischen Ausgaben von gleichem Wert haben und daher im Vergleich zu einer regulären *CoinJoin*-Transaktion mit gleichen Ausgaben nicht so leicht zu erkennen sind.

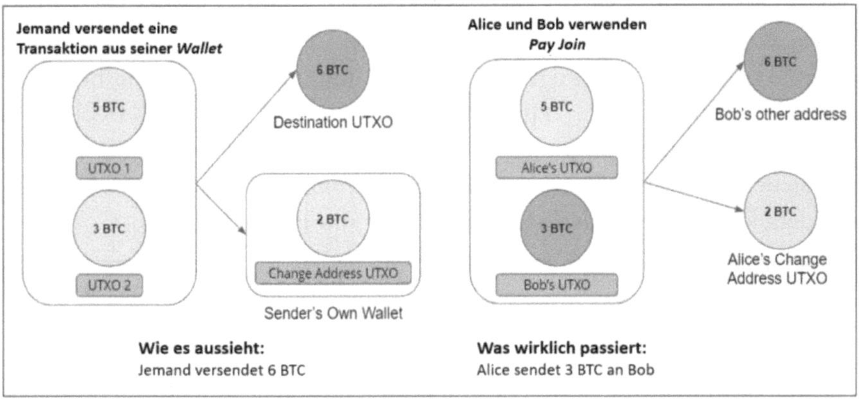

Jedoch, ein Problem mit *CoinJoin* ist, dass eine Gegenpartei benötigt wird, die ebenso *CoinJoin* verwenden möchte. Dies ist der Punkt, an dem die Funktion „***JoinMarket***" nützlich wird.

JoinMarket

CoinJoin kann mühsam sein, da es nur funktioniert, wenn die richtige Menge zur richtigen Zeit am richtigen Ort verfügbar ist. Ursprünglich programmiert als eine Verbesserung der *CoinJoin*-Funktion, hilft *JoinMarket* dieses Problem zu lösen, indem ein Markt für *CoinJoin*-Transaktionen geschaffen wird, um auf optimale Weise ausgeführt zu werden.

Dies funktioniert, indem *CoinJoin*-Transaktionen von zwei Hauptteilnehmern angeboten und nachgefragt werden können - *Market Maker* und *Market Taker.* Als *Market Maker* werden hierbei *CoinJoin*-Teilnehmer bezeichnet, die im Gegenzug Gebühren verdienen wollen, damit andere mit ihrer Hilfe auch *CoinJoin*-Transaktionen durchführen können. Auf der anderen Seite sind die *Market Taker* wiederum die *CoinJoin*-Teilnehmer, die so schnell wie möglich ihre Transaktionen durchführen wollen und für dieses Privileg auch bereit sind, entsprechende Gebühren an die Market Maker zu zahlen.

JoinMarket Orderbook

60 orders found by 26 counterparties

Type	Counterparty	Order ID	Fee	Miner Contribution/BTC	Minimum Size/BTC	Maximum Size/BTC
Absolute Fee	J521DTShAQ1zduMJ	0	0.00000010	0.00000000	0.00100000	7.52563942
Absolute Fee	J5EQgLL4ne41bSaX	1	0.00000410	0.00000100	0.00027300	0.67324590
Absolute Fee	J53iBNeVtxWAwcVV	1	0.00000040	0.00000010	0.00100000	2.60698010
Absolute Fee	J55eTiKmhUDV8ovm	0	0.00000113	0.00000030	0.00100000	1.90763014
Absolute Fee	J52Srez1wpuyYHz5	0	0.00000020	0.00000005	0.00100000	2.87215618
Absolute Fee	J57EUia1gtyJggVa	0	0.00002010	0.00000500	0.15000000	0.26999999
Absolute Fee	J59iLhwZgFLhp5iH	1	0.00000060	0.00000010	0.09000000	0.99999999

Beispiel für JoinMarkets Orderbuch

JoinMarkets verwendet mehrere Anwendungsskripte für verschiedene spezifische Zwecke. Das "*Yield Generator*"-Skript sammelt z. B. Einnahmen für *Market Maker*, während das "*Send Payment*"-Skript als *Market Taker* agiert. Das "*Tumbler*"-Skript erhöht die Privatsphäre, indem es automatisch *CoinJoins* nach dem Zufallsprinzip erstellt.

Mit der Schaffung von *JoinMarkets* können Benutzer nun jederzeit Transaktionen im Wert von bis zu 200 BTC in gleichen Beträgen senden. Stell

Dir vor, wie schwierig es gewesen wäre, so viele Teilnehmer gleichzeitig zu finden, die sich Dir anschließen, um eine Transaktion dieser Größe durchzuführen, wenn *JoinMarkets* nicht existieren würde.

Taproot

Bitcoins sind im Wesentlichen in "Skripten" gespeichert, die innerhalb einer Transaktion sind und diktieren, wie die *Coins* in zukünftigen Transaktionen durch bestimmte Bedingungen ausgegeben werden könnten. Wenn der Empfänger sich entscheidet, die Gelder auszugeben, muss er das gesamte Skript und seine Lösung offenlegen. Durch diese Methode kann jeder verifizieren, dass das gelieferte Skript tatsächlich das ursprüngliche Skript war und dass die angegebenen Bedingungen erfüllt wurden.

Der derzeitige Fehler besteht jedoch darin, dass Benutzer alle bestehenden Bedingungen offenlegen müssen - auch solche, die nicht erfüllt wurden. Dies führt zu zwei großen Komplikationen: Die Menge der offengelegten Bedingungen würde eine große Menge an Daten darstellen und somit auch ein Risiko für die Privatsphäre bedeuten.

Ein Lösungsvorschlag kam in Form des *Merkelized Abstract Syntax Tree* (MAST). Bei diesem Verfahren wird jede Ausgabebedingung separat *gehasht* und in einen *Merkle*-Baum aufgenommen, um einen einzigen *Hash* zu erzeugen, der als *Merkle*-Wurzel bezeichnet wird und die Mittel sperrt. Der Wert hierbei ist, dass, wenn irgendwelche Daten des *Merkle*-Baums aufgedeckt werden, nur die *Merkle*-Wurzel und der *Merkle*-Pfad benötigt werden, um zu überprüfen, ob die bestimmten Daten wirklich vorhanden sind, während der Rest des *Merkle*-Baums verborgen bleibt. Kurz gesagt, nur die erfüllte Bedingung muss mit *MAST* offengelegt werden.

Der *Taproot-Soft-Fork* wurde von MAST und seinen Möglichkeiten inspiriert, wobei sie immer eine Bedingung für alle Teilnehmer beinhaltet, zu kooperieren und ihr Geld auszugeben. Kombiniert mit der Verwendung von Schnorr-Signaturen im Bitcoin-Protokoll, kann die Gruppe als eine Einheit verborgen bleiben. Schnorr-Signaturen ermöglichen es, dass Transaktionen mit mehreren Signaturen und solche mit einer einzigen Signatur auf der Blockchain identisch bleiben und so vor Beobachtern verborgen bleiben. Mit dem Schnorr-Signatur-Algorithmus können gemeinsame Besitzer von Multi-Signatur-Wallets einen kumulativen öffentlichen Schlüssel erzeugen und diesen dann zusammen mit einer Signatur signieren, im Vergleich zur individuellen Veröffentlichung jedes Schlüssels und jeder Signatur für eine bestimmte Transaktion.

Assume ***G*** *= publicly known curve point,*
k *= private key (integer)*
m *= message hash (integer)*

Then the public key is ***P****, where:*

P = k*G

Assume ***z*** *is a random integer, then the curve point* ***R*** *is:*

R = z*G

An integer, s, is calculated as follows:

s = z + Hash (r | | P | | m) * k

Where: ***r*** *= x-coordinate of curve point R,*
| | = binary concatenation

Signature = (r, s)*, where both r and s are integers.*

Signature creation algorithm of Schnorr Signatures

Taproot verspricht, die Fungibilität von Bitcoin zu erhöhen, die Funktionalität von *Smart Contracts* zu verbessern und die Privatsphäre zu stärken, indem alle Transaktionen für Beobachter der Blockchain gleich erscheinen. Außerdem kann die Aggregation mehrerer privater Schlüssel zu einem "*Master Key*" zur Durchführung von Transaktionen potenziell die Transaktionsgebühren reduzieren und die Kosten für den Betrieb der Knoten senken, beides entscheidend für die langfristige Skalierbarkeit des Netzwerks.

Beachte auch, dass bis Mai 2021 (dem Erscheinen des Buchs) das Taproot-Upgrade noch nicht bereitgestellt wurde. Bis zum erwarteten Upgrade sind die *Taproot*-Funktionalitäten leider noch nicht nutzbar.

Wie geht es weiter?

Obwohl *Bitcoin* zum Zeitpunkt des Verfassens dieses Buchs bereits 12 Jahre alt ist, hat er immer noch unendlich viel Platz zum Wachsen, vorbehaltlich betrieblicher und sicherheitstechnischer Einschränkungen. Man kann erwarten, dass in den kommenden Monaten und Jahren viele weitere Vorschläge, Verbesserungen und Ideen an Bitcoin erarbeitet werden.

Es sind die Initiativen, die uns versprechen, die Skalierbarkeit und die Datenschutzfunktionen von Bitcoin in Zukunft zu verbessern und diese werden höchstwahrscheinlich weiterhin auch der Hauptfokus für die *Bitcoin*-Entwickler sein, um den *Bitcoin* zu einem wirklich lebensfähigen globalen Zahlungssystem zu machen.

Kapitel 9: Die Welt hinter dem Bitcoin

Die Welt der Blockchain-Technologie und Kryptowährungen geht über *Bitcoin* weit hinaus. Es gibt mittlerweile viele verschiedene Kryptowährungen, die auf verschiedenen Blockchains laufen und eine Vielzahl von Funktionen und Anwendungen haben. Diese *Coins* werden gemeinhin als alternative *Coins* zu Bitcoin oder auch "*Altcoins*" bezeichnet. In diesem Kapitel werden wir uns einige der größten und beliebtesten Kryptowährungen ansehen, die heute verwendet werden.

Wie wir bereits gesehen haben, hat *Bitcoin* noch viele Herausforderungen zu überwinden, bevor es allgemein als eine legitime Form einer Währung oder als ein relevantes Wertaufbewahrungsmittel generell akzeptiert wird. Andere Kryptowährungen rennen jedoch auch gegen all die Skepsis und Ablehnung an, um ein ähnliches Ziel zu erreichen, indem man vor allem versucht, die Probleme zu lösen, die durch *Bitcoin* erst aufgeworfen wurden. Während andere Plattformen und Kryptowährungen risikoreiche und schnelle Entwicklungsansätze verfolgen, ist der Fortschritt bei *Bitcoin* relativ langsam und stabiler, um das Risiko zu mindern, dass Fehler und Störungen auftreten.

Bitcoin Forks

Bitcoin-Forks treten auf, wenn Änderungen am aktuellen Protokoll vorgenommen werden und werden in der Regel durchgeführt, um neue Funktionen hinzuzufügen. Es wird auch verwendet, um verheerende Hacks oder Bugs rückgängig zu machen. In diesen Fällen ist ein Konsens erforderlich, bevor die Änderungen implementiert werden. Andernfalls kann die betroffene *Blockchain* dauerhaft gespalten werden, was zur Erschaffung einer neuen Blockchains wie bei *Bitcoin Cash* und *Bitcoin SV* führt.

Bitcoin Cash

Obwohl man den Begriff "*Bitcoin*" im Namen hat, ist *Bitcoin Cash* eine andere Kryptowährung als *Bitcoin* und sollte nicht mit *Bitcoin* verwechselt werden. *Bitcoin Cash* entstand, als einige Entwickler die Anzahl der Transaktionen in einem Block erhöhen wollten, indem sie die Blockgröße auf 32 MB vergrößerten, wodurch die Transaktionen effektiv um fast das 21-fache beschleunigt und die Kosten gesenkt wurden.

Um diese Änderung zu implementieren, wurde 2017 ein sogenannter *Hard Fork* initiiert, die die Bitcoin-Blockchain in das ursprüngliche und das neue

Bitcoin Cash-Netzwerk aufspaltete. Nach dem Fork würden Nutzer, die vor dem Block etwas Bitcoin hatten, am Ende auch eine gleiche Menge Bitcoin Cash haben.

Obwohl es nur ein paar wesentliche Unterschiede zwischen *Bitcoin Cash* und dem originalen Bitcoin gibt, erzählen die Preise sowie die Wertentwicklung beider Werte eine ganz andere Geschichte. *Bitcoin Cash* hat einen viel niedrigeren Wert im Vergleich zu *Bitcoin.* Obwohl die Benutzer eher versucht sind, *Bitcoin Cash* zu verwenden, ist es sehr zentralisiert in den Händen von einigen wenigen Mining-Pools, was den Dezentralisierungsidealen von Bitcoin widerspricht. Gepaart mit der bestehenden Popularität und Nützlichkeit von Bitcoin, ist es für *Bitcoin Cash* noch schwieriger, seinen Vorgänger wirklich zu entthronen. Zusätzlich wurde das Team hinter *Bitcoin Cash* identifiziert, während die Schöpfer von Bitcoin anonym bleiben.

Am 15. November 2020 unterzog sich *Bitcoin Cash* einem weiteren *Fork*, verursacht durch einen Streit zwischen zwei Lagern der *Bitcoin-Cash-*Community, nämlich *Bitcoin Cash ABC* (BCHA) und *Bitcoin Cash Node* (BCHN). Der Riss begann, als eine Gruppe von Entwicklern, die *BCHA* ausmacht, ein Update vorschlug, um 8% Steuern auf die von Minern erwirtschafteten Gewinne zu erheben, um die zukünftige Entwicklung von *Bitcoin Cash* zu finanzieren. Dies wurde von der *Bitcoin Cash Node* Community heftig abgelehnt. Mit starker Unterstützung von Minern erbte *Bitcoin Cash Node* den BCH-Ticker, während BCH ABC sich in eine separate Blockchain abspaltete.

Bitcoin SV

Bitcoin Cash ABC und *Bitcoin Cash Node* war allerdings nicht der erste *Hard Fork* innerhalb der *Bitcoin Cash*-Community. Der erste *Hard Fork* von *Bitcoin Cash* war im November 2018 und spaltete das Netzwerk in das ursprüngliche *Bitcoin Cash* und die neue *Bitcoin SV*-Blockchain, die geschaffen wurde, um Satoshi Nakamotos ursprüngliche Vision für Bitcoin streng und konsequent zu befolgen. Ein großer Unterschied zwischen den beiden Netzwerken ist die Blockgröße. Während *Bitcoin Cash* bis zu 32 MB an Transaktionen pro Block verarbeiten kann, vervierfacht *Bitcoin SV* diese Menge und rühmt sich mit einem Blockgrößenlimit von bis zu 128 MB.

Die Entwickler waren jedoch noch lange nicht fertig. Am 24. Juli 2019 erhielt *Bitcoin SV* das "Quasar"-Protokoll-Upgrade, das die Blockgrößengrenze von

128 MB auf 2 GB erhöhte. Die Miner haben jedoch signalisiert, dass sie die Blockgröße auf 512 MB herabsetzen wollen, was im Vergleich zu den Vorgängern immer noch sehr viel größer ist.

Ein paar Wochen nach der Implementierung hatten die Miner Schwierigkeiten, einen 210 MB großen Block zu verarbeiten, was sie daran hinderte, Transaktionen an das Netzwerk weiterzuleiten.

Smart Contract-Plattformen

Smart Contracts sind Programme, die so geschrieben werden können, dass sie hochspezifische und anspruchsvolle Aktionen ausführen, wenn bestimmte Bedingungen erfüllt sind. Obwohl das *Bitcoin*-Protokoll eine "schwache" Implementierung von *Smart Contracts* ermöglicht, ist es aufgrund der Einschränkungen der Skriptsprache, die Bitcoin verwendet, schwierig, diese Idee zu erweitern. Hier treten Plattformen wie *Ethereum* und *Polkadot* auf den Plan, um die Lücken zu füllen und fortschrittlichere *Smart Contracts* für eine Vielzahl von Anwendungen wie Finanzen, Gesundheitswesen und Unterhaltung zu erstellen.

Ethereum

Ethereum ist eine dezentrale Plattform für digitale Zahlungen, oder wird auch oft als der Welt Computer bezeichnet. Ein Welt-Computer, welcher zugänglich von jedem und überall sein soll. Es handelt sich bei *Ethereum* ebenso um die zweitgrößte Kryptowährung (nach Marktkapitalisierung) direkt hinter Bitcoin.

Die *Ethereum*-Blockchain macht Gebrauch von seiner eigenen nativen Währung namens *Ether*, die durch Mining erzeugt wird, ähnlich wie Bitcoins erzeugt werden. Allerdings enden die Ähnlichkeiten auch dort schon, da *Ethereum* zu so viel mehr fähig ist, da es den Benutzern im Netzwerk erlaubt, *Smart Contracts* zu veröffentlichen und mit ihnen zu interagieren. *Smart Contracts* sind zur Grundlage vieler dezentraler Anwendungen (DApps) geworden, die derzeit im *Ethereum*-Netzwerk betrieben werden.

Das *Ethereum*-Protokoll ermöglicht es, verschiedene Projekte und *Token* im Netzwerk zu realisieren. Seit dem Start von *Ethereum* wurden viele andere *Token* (Kryptowährungen) auf dem *Ethereum*-Netzwerk gestartet, indem sie dort bestimmte Standards einhalten. Diese Standards, wie z.B. *ERC-20* und *ERC-*

721, wurden eingeführt, damit diese *Token* nahtlos innerhalb des Ethereum-Ökosystems arbeiten können.

Der ERC-20-Token-Standard wird verwendet, um fungible Token zu erstellen, die von vielen Kryptowährungsprojekten übernommen wurden. Diese Token sind austauschbar und können frei miteinander getauscht werden.

Der ERC-721 Token-Standard hingegen wird verwendet, um nicht-fungible Token (NFT) zu erstellen. Diese *Token* werden verwendet, um einzigartige oder einmalige Vermögenswerte darzustellen, die unterschiedliche Eigenschaften und Werte haben. Nicht-fungible Token werden bei limitierten Auflagen, digitale Kunst, Sammelkarten, und vielem mehr verwendet.

Du kannst *Ether* leicht über die meisten Kryptowährungsbörsen kaufen. Obwohl *Ethereum-Mining* eine Option ist, hat es sich im Laufe der Jahre industrialisiert und kann für Einzelpersonen nicht empfohlen werden.

Polkadot

Polkadot ist ein Blockchain-Protokoll, das entwickelt wurde, um mehrere Blockchains unter einem einheitlichen Netzwerk miteinander zu verbinden und zu unterstützen. Ein kurzer Überblick über einige der Hauptprobleme, die *Polkadot* lösen möchte:

1. **Skalierung** - Mit mehreren interoperablen Blockchains, die auf *Polkadot* aufgebaut sind, können Transaktionen parallel über verschiedene *Blockchains* verarbeitet werden, während die Konnektivität erhalten bleibt, was den Durchsatz und die Skalierbarkeit deutlich erhöht.
2. **Spezialisierung** - *Blockchain*-Protokolle werden in der Regel für bestimmte Anwendungsfälle entwickelt, und es kann sehr schwierig sein, eine Einheitslösung zu haben (erinnere Dich daran, dass *Bitcoin* nicht in der Lage ist, *Smart Contracts* ausreichend zu erfüllen, oder *Ethereum* es nicht schafft; auf seinem Höhepunkt den Andrang an Nutzern zu bewältigen). Auf *Polkadot* kann jede *Blockchain* - auch "*Parachains*" genannt - für bestimmte Anwendungsfälle wie Dateispeicherung und Transaktionsverarbeitung optimiert werden, um hierbei eine maximale Effizienz zu erreichen.

Governance - Separate *Blockchains* zu haben bedeutet auch, dass jede *Parachain* sich selbst verwalten und ihr Protokoll nach Bedarf aktualisieren kann, ohne den Rest des Netzwerks zu beeinträchtigen. Dies ermöglicht potenziell schnellere Iterationen, Korrekturen oder Änderungen im Vergleich zu bestehenden Single-Blockchain-Netzwerken.

Die Infrastruktur von *Polkadot* beginnt mit der *Relay-Chain*, die als zentrale *Blockchain* fungiert. Jede Blockchain, die an *Polkadot* angebunden ist, wird als *Parachain* bezeichnet, da sie parallel zur Haupt-*Relay-Chain* läuft und auf der *Relay-Chain* aufgebaut ist. Neben Blockchains, die auf der eigenen *Relay-Chain* von *Polkadot* aufgebaut sind, ist *Polkadot* auch interoperabel mit Blockchains, die sehr unterschiedliche technologische Eigenschaften haben (z. B. Ethereum und Bitcoin) und kann diese durch so genannte Brücken (*Bridges*) miteinander verbinden.

Stablecoins

Stablecoins sind eine Art Kryptowährungen, die darauf abzielen, dass ihr Wert an eine nationale Währung wie den US-Dollar oder einen Rohstoff wie Gold gekoppelt sind. US-Dollar-*Stablecoins* sind dabei die beliebteste Form von *Stablecoins* und haben in den letzten Jahren immer mehr an Beliebtheit gewonnen.

US-Dollar-*Stablecoins* bieten Händlern die Möglichkeit, ein stabiles Portfolio zu haben, das an den US-Dollar gekoppelt ist, anstatt ein volatiles Portfolio in *Bitcoin* zu halten. *Tether* (USDT) und *Dai* (DAI) sind einige der weiter verbreiteten Stablecoins.

Tether (USDT)

Ursprünglich als *Realcoin* im Jahr 2014 gegründet, ist *Tether* der unangefochtene Marktführer der *Stablecoins*. *Tether* soll den Wert des US-Dollars darstellen, wo 1 Einheit von *Tether* exakt einem US-Dollar entspricht. *Tether* hat meist seinen stabilen Wert während seiner Historie bisher problemlos behalten.

Am 6. Oktober 2014 wurden die ersten *Tether-Stablecoins* über das *Bitcoin*-Netzwerk unter Verwendung des *Omni-Layer*-Protokolls ausgegeben. Um seine Bindung an den US-Dollar aufrechtzuerhalten, behauptet *Tether*, dass jeder Token durch eine entsprechende Menge an US-Dollar in seinen Bankreserven gesichert ist. Allerdings ist *Tether* nicht unumstritten. Es gab Behauptungen, dass *Tether* nicht mehr vollständig durch Bankreserven gedeckt ist und dass ein Teil seiner Reserven nur Kredite von Tochtergesellschaften enthält. Trotz der Kontroversen, bleibt *Tether* als *Stablecoin* weiterhin sehr beliebt bei Händlern. Er ist auf fast allen Kryptowährungsbörsen als Handelspaar gegen andere Kryptowährungen gelistet. Seine Popularität hat ihn unter die Top 3 der größten Kryptowährungen in der Marktkapitalisierung gebracht.

DAI

Im Gegensatz zu *Tether* ist *Dai* nicht durch Fiat-Währungen, sondern durch Kryptowährungen besichert. *Dai* ist eine Form der Verschuldung, die auf der Grundlage der Menge der zugrundeliegenden Vermögenswerte, die als Sicherheiten hinterlegt wurden, aufgenommen wird.

Dai fungiert als einer der wichtigsten *Stablecoins*, die auf der *Ethereum*-Plattform verwendet werden, wo seine Bindung aufgrund der Überbesicherung von Kryptowährungswerten aufrechterhalten wird. Mit anderen Worten, um *Dai* im Wert von einem US-Dollar zu erhalten, müssen die Nutzer mindestens 1,50 US-Dollar in *Ether* oder anderen Kryptowährungen hinterlegen.

Die aktuelle Version von *DAI*, auch bekannt als *Multi-Collateral Dai*, ist eine aktualisierte Iteration, die mehrere Kryptowährungs-Assets als Sicherheiten unterstützt, um *Dai* zu erstellen. Die vorherige Version, die jetzt als *Sai* bekannt ist, wird *single-collateral Dai* genannt, weil es nur mit *Ether* als Sicherheiten erzeugt werden konnte.

Privacy Coins

Viele Leute denken, dass Bitcoin-Transaktionen völlig anonym sind und nicht zurückverfolgt werden können. Dies ist jedoch nicht ganz richtig. Bitcoin verspricht eine gewisse Pseudonymität, bei der einige Informationen privat und geschützt sind, aber jedoch nicht alle.

Jeder, der über das entsprechende technische Know-how und Verständnis des Bitcoin-Protokolls verfügt, kann Transaktionen mit einigem Aufwand leicht identifizieren. Dies ist der Punkt, an dem *Privacy Coins* bevorzugt werden, da sie den Nutzern erlauben, einen höheren Grad an Anonymität zu erreichen, wenn sie Transaktionen über eine Blockchain durchführen.

Dash

Dash ist ein *Fork* des ursprünglichen Bitcoin-Codes, aber mit einem interessanten Twist: eine optionale Form der Privatsphäre durch ihre eigene modifizierte Version von *CoinJoin,* genannt „*PrivateSend*“. *PrivateSend* verschleiert verschiedene Transaktionen, indem es sie zusammenmischt und diese dann auf der Blockchain als eine einzige Transaktion verifiziert.

Monero

Einer der Top-*Privacy Coins* im heutigen Einsatz ist *Monero*. Die *Blockchain* von *Monero* arbeitet mit sogenannten *Stealth*-Adressen und Ring-Signaturen. *Stealth*-Adressen sind hierbei *Single-Use*-Adressen, die für jede Transaktion von einem Absender erstellt werden.

Zahlungen, die von der ursprünglichen Adresse gesendet werden, werden über diese *Stealth*-Adressen geleitet, um zu verhindern, dass eine Verbindung, die auf der Blockchain beobachtet werden kann, zum Empfänger hergestellt wird. Dies stellt jedoch eine weitere Herausforderung dar, da es nicht völlig privat ist, wenn die Absender den Satz von Transaktionen eines Empfängers anhand des an ihn gesendeten Betrags nachvollziehen können. Daher werden Ringsignaturen verwendet, um die Ausgangsbeträge zu verschleiern, so dass eine vollständige Rückverfolgbarkeit gewährleistet ist.

Schlussbemerkungen

Zunächst einmal kannst Du Dir nun selbst auf die Schulter klopfen! Wenn Du diese Sätze hier liest, bedeutet das, dass Du jetzt auf dem neuesten Stand bist, was Bitcoin angeht, eine der faszinierendsten Formen von Geld, die unsere Welt je gesehen hat.

Wir danken Dir für Deine Zeit und hoffen, dass Du beim Lesen des So-geht-Bitcoin-Buches genauso viel Spaß hattest; wie wir dies beim Schreiben hatten. Das *Rabbit-Hole* der Kryptowährungen ist tief und wir haben hier nur an der Oberfläche gekratzt. Wir hoffen, dass Du inspiriert wurdest, uns auch weiterhin auf dieser Reise zu begleiten.

Wenn Du mehr darüber erfahren möchten, was nach dem soliden digitalen Geld kommt, schau Dir ein weiteres Buch von uns über dezentrale Finanzen (DeFi) an. Unser Buch "So geht DeFi" vermittelt Dir weitere Einblicke, wie die Zukunft des Finanzwesens aussehen könnte.

Willkommen in der Welt der Kryptowährungen!

APPENDIX

CoinGeckos Empfehlungen für mehr Infos über Bitcoin

Zum Lesen
Grubles – https://notgrubles.medium.com/

Jameson Lopp's Bitcoin Resources – https://www.lopp.net/bitcoin-information.html

Jameson Lopp's Lightning Network Resources – https://www.lopp.net/lightning-information.html/

Jimmy Song – https://jimmysong.medium.com/

Pierre Rochard – https://www.pierrerochard.com/

Unchained Capital – https://unchained-capital.com/blog/

Newsletters
Bitcoin Optech – https://bitcoinops.org/

Podcasts
Stephen Livera – https://stephanlivera.com/

Unscrypted Podcast – https://aantonop.com/category/podcasts/unscrypted-pod/

What Bitcoin Did – https://www.whatbitcoindid.com/

Lightning Junkies – https://lightningjunkies.net/

Videos

Bitcoin Beginner's Important Videos – https://www.youtube.com/playlist?list=PLeEqJMaPXEpryW67EIvIDs0UzHA_cyL-V

Andreas Antanapolous – https://www.youtube.com/c/aantonop/videos

Robert Breedlove – https://www.youtube.com/c/RobertBreedlove22

Sonstige Bücher, die wir noch empfehlen können

Mastering Bitcoin – https://www.goodreads.com/book/show/21820378-mastering-bitcoin

The Bitcoin Standard – https://www.goodreads.com/book/show/36448501-the-bitcoin-standard

Thank God for Bitcoin – https://www.goodreads.com/book/show/56049234-thank-god-for-bitcoin

Quellenangabe

Kapitel 1: Bitcoin und Geld

(2008, April 27). Moody's - Credit Rating - Mortgages - The New York Times. Retrieved November 12, 2020, from https://www.nytimes.com/2008/04/27/magazine/27Credit-t.html

(2013, March 13). President Nixon: The Man Who Sold the World Fiat Money .... Retrieved November 10, 2020, from https://blogs.cfainstitute.org/investor/2013/03/13/president-nixon-the-man-who-sold-the-world-fiat-money/

(2013, September 10). Inside Bitcoin, The Programmable Currency For Our Digital .... Retrieved November 18, 2020, from https://techcrunch.com/2013/09/10/disrupt-sf-13-bitcoin-panel/

(2013, September 10). Inside Bitcoin, The Programmable Currency For Our Digital .... Retrieved November 18, 2020, from https://techcrunch.com/2013/09/10/disrupt-sf-13-bitcoin-panel/

(2016, November 8). Rupee notes in India: Narendra Modi just banned Rs500 and .... Retrieved November 26, 2020, from https://qz.com/india/830774/rupee-notes-in-india-narendra-modi-just-banned-rs500-and-rs1000-notes-to-fight-corruption-and-terrorism/

(2018, December 15). Who Controls Bitcoin Core? – Cypherpunk Cogitations. Retrieved November 24, 2020, from https://blog.lopp.net/who-controls-bitcoin-core-/

(2018, August 21). PayPal Account Limitations: what they are and what you can .... Retrieved November 17, 2020, from https://www.paypal.com/us/brc/article/understanding-account-limitations

(2019, August 1). A History Guide to the 2008 Financial Crisis: What Caused the .... Retrieved November 12, 2020, from https://www.historyextra.com/period/modern/financial-crisis-crash-explained-facts-causes/

(2020, January 27). Growth In The Level Of Precision Of Bitcoin ... – BitMEX Blog. Retrieved November 24, 2020, from https://blog.bitmex.com/bitcoin-transaction-output-value-precision/

(2020, April 26). What Actually is Programmable Money? – LinkedIn. Retrieved November 18, 2020, from https://www.linkedin.com/pulse/what-actually-programmable-money-antony-lewis

(2010, May 18). Pizza for bitcoins? – Bitcoin Forum. Retrieved January 20, 2021, from https://bitcointalk.org/index.php?topic=137.0

(2020, July 6). Hong Kong security law: Police handed power to do .... Retrieved November 10, 2020, from https://hongkongfp.com/2020/07/06/breaking-hong-kong-security-law-police-handed-power-to-do-warrantless-searches-freeze-assets-intercept-comms-control-internet/

(2020, July 27). 1913 Federal Reserve Act Definition – Investopedia. Retrieved November 10, 2020, from https://www.investopedia.com/terms/f/1913-federal-reserve-act.asp

(2020, August 27). Cryptocurrency usage in Venezuela – Chainalysis blog. Retrieved November 20, 2020, from https://blog.chainalysis.com/reports/venezuela-cryptocurrency-market-2020

(2020, October 9). Iran sanctions: US moves to isolate 'major' banks – BBC News. Retrieved January 20, 2021, from https://www.bbc.com/news/world-middle-east-54476894

(n.d.). Bitcoin P2P e-cash paper – Cryptography mailing list. Retrieved November 10, 2020, from https://www.metzdowd.com/pipermail/cryptography/2008-October/014810.html

(n.d.). Bitcoin / Blocks — Blockchair. Retrieved November 12, 2020, from https://blockchair.com/bitcoin/blocks

(n.d.). Address: 1A1zP1eP5QGefi2DMPTfTL5SLmv7DivfNa .... Retrieved November 12, 2020, from https://www.blockchain.com/btc/address/1A1zP1eP5QGefi2DMPTfTL5SLmv7DivfNa

(n.d.). What is Bitcoin? Price in USD, Mining, Bitcoin ... – Bitcoin Wiki. Retrieved November 10, 2020, from https://en.bitcoinwiki.org/wiki/Bitcoin

(n.d.). Profit distribution and loss coverage rules for central banks. Retrieved November 10, 2020, from https://www.ecb.europa.eu/pub/pdf/scpops/ecbop169.en.pdf

(n.d.). bitcoin/COPYING at master · bitcoin/bitcoin · GitHub. Retrieved November 10, 2020, from https://github.com/bitcoin/bitcoin/blob/master/COPYING

(n.d.). What is open source software? | Opensource.com. Retrieved November 10, 2020, from https://opensource.com/resources/what-open-source

(n.d.). Inflación de 2018 cerró en 1.698.488%, según la Asamblea .... Retrieved November 26, 2020, from https://efectococuyo.com/economia/inflacion-de-2018-cerro-en-1-698-488-segun-la-asamblea-nacional/

(n.d.). Why Bitcoin Is Not a Viable Currency Option – Knowledge .... Retrieved November 24, 2020, from https://kw.wharton.upenn.edu/kwfellows/files/2018/06/2018-08-30-Bitcoin-Student-Series.pdf

(n.d.). Inflation Calculator. Retrieved January 20, 2021, from https://www.usinflationcalculator.com/

Kapitel 2: Die Anatomie von Bitcoin

Antonopoulos, Andreas M. (2017). *The Internet of Money*. Merkle Bloom.

(2020, June 30). UTXO Definition – Investopedia. Retrieved November 27, 2020, from https://www.investopedia.com/terms/u/utxo.asp

(n.d.). Unspent Transaction Output (UTXO) | Binance Academy. Retrieved November 27, 2020, from https://academy.binance.com/en/glossary/unspent-transaction-output-utxo

(n.d.). Vocabulary – Bitcoin.org. Retrieved January 20, 2021, from https://bitcoin.org/en/vocabulary

(n.d.). 8. Mining and Consensus – Mastering Bitcoin [Book] – O'Reilly. Retrieved January 20, 2021, from https://www.oreilly.com/library/view/mastering-bitcoin/9781491902639/ch08.html

(n.d.). Double-Spending – Corporate Finance Institute. Retrieved January 20, 2021, from https://corporatefinanceinstitute.com/resources/knowledge/other/double-spending/

Kapitel 3: Die Geschichte von Bitcoin

(2010, August 16). Strange block 74638 – Bitcoin Forum. Retrieved November 10, 2020, from https://bitcointalk.org/index.php?topic=822.0

(2011, June 19). Bitcoin prices plummet on hacked exchange | Ars Technica. Retrieved December 4, 2020, from https://arstechnica.com/tech-policy/2011/06/bitcoin-price-plummets-on-compromised-exchange/

(2011, June 19). Bitcoin collapses on malicious trade • The Register. Retrieved December 18, 2020, from https://www.theregister.com/2011/06/19/bitcoin_values_collapse_again/

(2013, June 27). The DEA Seized Bitcoins In A Silk Road Drug Raid .... Retrieved December 4, 2020, from https://techcrunch.com/2013/06/27/the-dea-seized-bitcoins-in-a-silk-road-drug-raid/

(2016, July 22). Value overflow incident – Bitcoin Wiki. Retrieved November 10, 2020, from https://en.bitcoin.it/wiki/Value_overflow_incident

(2017, June 20). Bitcoin Miners Are Signaling Support for the New York .... Retrieved January 19, 2021, from https://bitcoinmagazine.com/articles/miners-are-signaling-support-new-york-agreement-heres-what-means

(2017, June 27). The Risks of Segregated Witness: Possible Problems Under .... Retrieved November 10, 2020, from https://www.coindesk.com/the-risks-of-bitcoins-segregated-witness-problems-under-us-contract-law

(2018, June 20). The Mt. Gox Hack— What's in your Bitcoin Wallet? – Medium. Retrieved December 4, 2020, from https://medium.com/dataseries/the-rise-and-fall-of-mt-gox-whats-in-your-bitcoin-wallet-bd5eb4106f4e

(2019, January 11). Bitcoin's Biggest Hack In History: 184.4 Billion Bitcoin from .... Retrieved January 20, 2021, from https://hackernoon.com/bitcoins-biggest-hack-in-history-184-4-ded46310d4ef

(n.d.). Bitcoin halving 2020: research and data for ... – CoinDesk. Retrieved November 10, 2020, from https://www.coindesk.com/crypto-investment-research/bitcoin-halving-2020-research-report

(n.d.). Bitcoin Halving Countdown – CoinGecko. Retrieved November 25, 2020, from https://www.coingecko.com/en/explain/bitcoin_halving

(n.d.) What Is Lightning Network And How It Works – Cointelegraph. Retrieved November 17, 2020, from https://cointelegraph.com/lightning-network-101/what-is-lightning-network-and-how-it-works

(n.d.). 99.98% – Bitcoin Uptime Tracker (Updated Live). Retrieved November 26, 2020, from https://www.buybitcoinworldwide.com/bitcoin-uptime/

(n.d.). bips/bip-0050.mediawiki at master · bitcoin/bips · GitHub. Retrieved November 10, 2020, from https://github.com/bitcoin/bips/blob/master/bip-0050.mediawiki

(n.d.). Bitcoin Obituaries - Bitcoin Declared Dead 350+ ... – 99Bitcoins. Retrieved January 20, 2021, from https://99bitcoins.com/bitcoin-obituaries/

Kapitel 4: So bewahrst Du Deine Bitcoin sicher auf!

(2018, October 22). How to get an address from a private key on Bitcoin – Crypto .... Retrieved January 20, 2021, from https://www.crypto-lyon.fr/how-to-get-an-address-from-a-private-key-on-bitcoin.html

(2020, January 22). Bitcoin address formats and performance ... – FixedFloat. Retrieved November 25, 2020, from https://fixedfloat.com/blog/guides/bitcoin-address-formats

(2020, February 10). Mt. Gox: The Story Of The Biggest Ever Bitcoin Hack | Trading .... Retrieved January 20, 2021, from https://trading-education.com/mt-gox-the-story-of-the-biggest-ever-bitcoin-hack

(2020, June 23). IP Address Definition – Investopedia. Retrieved January 20, 2021, from https://www.investopedia.com/terms/i/ip-address.asp

(2020, September 7). Exodus Wallet Review: What is Exodus? Is ... – BitDegree. Retrieved November 20, 2020, from https://www.bitdegree.org/crypto/exodus-wallet-review

(2020, October 13). Bech32 – Bitcoin Wiki. Retrieved November 25, 2020, from https://en.bitcoin.it/wiki/Bech32

(2020, October 15). What is two-factor authentication (2FA) and how does ... – Norton. Retrieved November 26, 2020, from https://us.norton.com/internetsecurity-how-to-importance-two-factor-authentication.html

(n.d.). 4. Keys, Addresses - Mastering Bitcoin, 2nd Edition ... – O'Reilly. Retrieved December 16, 2020, from https://www.oreilly.com/library/view/mastering-bitcoin-2nd/9781491954379/ch04.html

(n.d.). The Universe By Numbers – The Physics of the Universe. Retrieved January 20, 2021, from https://www.physicsoftheuniverse.com/numbers.html

(n.d.). Bitcoin blockchain size 2009-2021 | Statista. Retrieved January 20, 2021, from https://www.statista.com/statistics/647523/worldwide-bitcoin-blockchain-size/

(n.d.). Does Atomic Wallet have fees to send or receive the assets .... Retrieved November 20, 2020, from https://support.atomicwallet.io/article/77-does-atomic-wallet-have-fees-to-send-or-receive-the-assets

(n.d.). Stealth Mode – Samourai Wallet. Retrieved November 22, 2020, from https://samouraiwallet.com/stealth

(n.d.). Coinbase pricing and fees disclosures | Coinbase Help. Retrieved November 22, 2020, from https://help.coinbase.com/en/coinbase/trading-and-funding/pricing-and-fees/fees

(n.d.). Trezor White – Official Trezor Shop. Retrieved November 23, 2020, from https://shop.trezor.io/product/trezor-one-white

(n.d.). Trezor Model T – Official Trezor Shop. Retrieved November 23, 2020, from https://shop.trezor.io/product/trezor-model-t

(n.d.). Phishing | What Is Phishing? – Phishing.org. Retrieved January 20, 2021, from https://www.phishing.org/what-is-phishing

Kapitel 5: Wie Du Deine ersten Bitcoin bekommst!

(2020, September 16). Kraken Becomes First Crypto Exchange to Become a US Bank .... Retrieved November 23, 2020, from https://www.nasdaq.com/articles/kraken-becomes-first-crypto-exchange-to-become-a-us-bank-2020-09-16

(n.d.). LocalBitcoins Review: Is LocalBitcoins Safe ... – CoinSutra. Retrieved November 10, 2020, from https://coinsutra.com/localbitcoins-review/

Kapitel 6: Wie Du Deine Bitcoin sicher aufbewahrst

(2020, January 22). Shamir Backup – Trezor Wiki. Retrieved January 20, 2021, from https://wiki.trezor.io/Shamir_Backup

(2020, October 9). [Lightning-dev] Partial LND Vulnerability Disclosure, Upgrade .... Retrieved January 20, 2021, from https://lists.linuxfoundation.org/pipermail/lightning-dev/2020-October/002819.html

(n.d.). Official Trezor Shop | Trezor Black – Trezor Model T. Retrieved November 16, 2020, from https://shop.trezor.io/product/trezor-one-black

(n.d.). ACINQ | A Bitcoin Technology Company. Retrieved December 17, 2020, from https://acinq.co/

(n.d.). What is two-factor authentication (2FA) and how does ... – Norton. Retrieved January 20, 2021, from https://us.norton.com/internetsecurity-how-to-importance-two-factor-authentication.html

Kapitel 7: Erweiterte Bitcoin-Wallets

(2017, June 20). Bitcoin Miners Are Signaling Support for the New York .... Retrieved January 19, 2021, from https://bitcoinmagazine.com/articles/miners-are-signaling-support-new-york-agreement-heres-what-means

(2019, March 11). Samourai Wallet — Collaborative Transactions – "Cahoots". Retrieved January 20, 2021, from https://blog.samouraiwallet.com/post/183378923792/collaborative-transactions-cahoots

(2019, October 24). Why Run a Node? – Casa Blog. Retrieved January 20, 2021, from https://blog.keys.casa/why-run-a-node/

(2020, June 15). Dealing with Coinjoin Change Outputs – Bitcoin Q+A. Retrieved January 20, 2021, from https://www.bitcoinqna.com/post/dealing-with-coinjoin-change-outputs

(n.d.). Running A Full Node – Bitcoin.org. Retrieved January 20, 2021, from https://bitcoin.org/en/full-node

(n.d.). About – Bitcoin Core. Retrieved January 20, 2021, from https://bitcoincore.org/en/about/

(n.d.). Releases · bitcoin/bitcoin · GitHub. Retrieved January 20, 2021, from https://github.com/bitcoin/bitcoin/releases

(n.d.). Digital signature – Wikipedia. Retrieved January 20, 2021, from https://en.wikipedia.org/wiki/Digital_signature

(n.d.). P2P Network – Bitcoin.org. Retrieved January 20, 2021, from https://developer.bitcoin.org/devguide/p2p_network.html

(n.d.). Bitnodes. Retrieved January 20, 2021, from https://bitnodes.io/

(n.d.). Fee Estimates – Statoshi. Retrieved January 20, 2021, from https://statoshi.info/dashboard/db/fee-estimates

(n.d.). Basic commands to interact with the Bitcoin Core RPC console. Retrieved January 20, 2021, from https://medium.com/@peterjd42/basic-commands-to-interact-with-the-bitcoin-core-rpc-console-180da2c2dc45

(n.d.). Feature Comparison – Samourai Wallet. Retrieved December 17, 2020, from https://samouraiwallet.com/features/comparison

(n.d.). Samourai Wallet – Features. Retrieved December 17, 2020, from https://samouraiwallet.com/features

(n.d.). Bitcoin Q&A: Samourai, Wasabi, and privacy on Huffduffer. Retrieved December 17, 2020, from https://huffduffer.com/uwefassnacht/544981

(n.d.). STONEWALL – Samourai Wallet. Retrieved December 17, 2020, from https://samouraiwallet.com/stonewall

(n.d.). Whirlpool – Samourai Wallet. Retrieved December 17, 2020, from https://samouraiwallet.com/whirlpool

(n.d.). Download – Samourai Wallet. Retrieved December 17, 2020, from https://samouraiwallet.com/download

(n.d.). Tor (anonymity network) – Wikipedia. Retrieved January 20, 2021, from https://en.wikipedia.org/wiki/Tor_(anonymity_network)

(n.d.). Doxing – Wikipedia. Retrieved January 20, 2021, from https://en.wikipedia.org/wiki/Doxing

(n.d.) What Is Lightning Network And How It Works – Cointelegraph. Retrieved November 17, 2020, from https://cointelegraph.com/lightning-network-101/what-is-lightning-network-and-how-it-works

Kapitel 8: Die Weiterentwicklung von Bitcoin

(2013, August 22). CoinJoin: Bitcoin privacy for the real world – Bitcointalk. Retrieved January 20, 2021, from https://bitcointalk.org/index.php?topic=279249.0

(2018, June 30). Discreet Log Contracts: invisible smart contracts on the Bitcoin .... Retrieved November 16, 2020, from https://medium.com/@gertjaap/discreet-log-contracts-invisible-smart-contracts-on-the-bitcoin-blockchain-cc8afbdbf0db

(2019, January 24). Taproot Is Coming: What It Is, and How It Will Benefit Bitcoin. Retrieved November 16, 2020, from https://bitcoinmagazine.com/articles/taproot-coming-what-it-and-how-it-will-benefit-bitcoin

(2019, February 5). Bitcoin's 'Lightning Torch' Explained: What It Is and ... – CoinDesk. Retrieved January 20, 2021, from https://www.coindesk.com/bitcoins-lightning-torch-has-blazed-through-37-countries-so-far

(2019, March 14). Tether's US Dollar Peg Is No Longer Credible – Forbes. Retrieved November 18, 2020, from https://www.forbes.com/sites/francescoppola/2019/03/14/tethers-u-s-dollar-peg-is-no-longer-credible/

(2019, April 26). DAI Struggles to Maintain $1 Peg, But MakerDAO Supporters Still Believe. Retrieved November 18, 2020, from https://cointelegraph.com/news/dai-has-been-struggling-to-maintain-its-1-peg-but-the-makerdao-community-believes-it-will-soon-be-cryptos-default-stablecoin

(2019, August 10). In Big Block Hard Fork, Craig Wright's Bitcoin Has Left Nodes .... Retrieved November 18, 2020, from https://www.coindesk.com/in-big-block-hard-fork-craig-wrights-bitcoin-has-left-nodes-behind

(2019, September 18). What are Taproot, MAST and Schnorr Signatures? | by Tara .... Retrieved November 16, 2020, from https://medium.com/@tara.annison/what-are-taproot-mast-and-schnorr-signatures-b737dae20681

(2020, April 21). What are Discreet Log Contracts in Crypto? – HedgeTrade Blog. Retrieved November 16, 2020, from https://hedgetrade.com/discreet-log-contracts/

(2020, June 11). Re: [bitcoin-dev] CoinPool, exploring generic payment pools .... Retrieved November 16, 2020, from https://www.mail-archive.com/bitcoin-dev@lists.linuxfoundation.org/msg08997.html

(2020, June 17). JoinMarket – Bitcoin Wiki. Retrieved November 16, 2020, from https://en.bitcoin.it/wiki/JoinMarket

(2020, June 28). Atomic Swaps Defined – Investopedia. Retrieved November 16, 2020, from https://www.investopedia.com/terms/a/atomic-swaps.asp

(2020, June 30). UTXO Definition – Investopedia. Retrieved November 27, 2020, from https://www.investopedia.com/terms/u/utxo.asp

(2020, August 11). Payment Pools: Bitcoin's Next Layer Two Protocol? – Bitcoin .... Retrieved November 16, 2020, from https://bitcoinmagazine.com/articles/building-on-taproot-payment-pools-could-be-bitcoins-next-layer-two-protocol

(2020, August 18). Parathreads · Polkadot Wiki. Retrieved November 18, 2020, from https://wiki.polkadot.network/docs/en/learn-parathreads

(2020, August 19). CoinSwap – Bitcoin Wiki. Retrieved November 16, 2020, from https://en.bitcoin.it/wiki/CoinSwap

(2020, September 4). PayJoin – Bitcoin Wiki. Retrieved November 16, 2020, from https://en.bitcoin.it/wiki/PayJoin

(2020, September 24). What Is Polkadot? Introduction to DOT | Crypto Briefing. Retrieved November 18, 2020, from https://cryptobriefing.com/what-is-polkadot-introduction-dot/

(2020, September 29). The Bitcoin Schnorr / Taproot upgrade explained » Brave New Coin. Retrieved November 16, 2020, from https://bravenewcoin.com/insights/the-3-most-promising-bitcoin-improvement-proposals-bips

(2020, October 13). Architecture · Polkadot Wiki. Retrieved November 18, 2020, from https://wiki.polkadot.network/docs/en/learn-architecture

(2020, October 13). Bridges · Polkadot Wiki. Retrieved November 18, 2020, from https://wiki.polkadot.network/docs/en/learn-bridges

(n.d.) What Is Lightning Network And How It Works – Cointelegraph. Retrieved November 17, 2020, from https://cointelegraph.com/lightning-network-101/what-is-lightning-network-and-how-it-works.

(n.d.). CoinJoin. All about cryptocurrency – BitcoinWiki. Retrieved November 16, 2020, from https://en.bitcoinwiki.org/wiki/CoinJoin

(n.d.). Taproot & Schnorr: Scalability and Privacy Upgrades for Bitcoin. Retrieved November 16, 2020, from https://medium.com/galaxy-digital-research/taproot-schnorr-scalability-and-privacy-upgrades-for-bitcoin-e81b0df9101b

(n.d.). Ethereum Whitepaper | ethereum.org. Retrieved November 18, 2020, from https://ethereum.org/en/whitepaper/

(n.d.). Whitepaper – Maker DAO. Retrieved November 18, 2020, from https://makerdao.com/whitepaper/

(n.d.). Privatesend – Dash Core. Retrieved November 18, 2020, from https://dashcore.readme.io/docs/core-guide-dash-features-privatesend

(n.d.). Unspent Transaction Output (UTXO) | Binance Academy. Retrieved November 27, 2020, from https://academy.binance.com/en/glossary/unspent-transaction-output-utxo

(n.d.). Vocabulary – Bitcoin.org. Retrieved January 20, 2021, from https://bitcoin.org/en/vocabulary

(n.d.). Double-Spending – Corporate Finance Institute. Retrieved January 20, 2021, from https://corporatefinanceinstitute.com/resources/knowledge/other/double-spending/

GLOSSAR

Index	Term	Beschreibung
A	Altcoins	Alternative Coins; alle Coins, die nach Bitcoin kamen und nicht Bitcoin sind
B	Blockchain Split	eine Blockchain, die sich in 2 Wege aufteilt und somit 2 Wahrheiten (Blockchains) entstehen lässt
C	Centralized exchange	eine zentralisierte Kryptowährungsbörse, üblicherweise ein Unternehmen, dass Dir den Kauf und Verkauf von Kryptos ermöglicht
	Consensus	der **Konsens**: eine generelle Einigung bzw. Festlegung auf eine gemeinsame Entscheidung, Ansicht oder Tatsache
	Cryptography	die **Kryptographie**: eine Methode, um Informationen zu verschlüsseln und anonymisiert zu übermitteln
	Custodial	Eine dritte externe Partei verwaltet für Dich Deine Kryptowährungen und ist laut der Blockchain-Logik auch somit technisch der Eigentümer.
D	Decentralized Applications (dApp)	eine App, die dezentralisiert und Open-Source ist, somit für jedermann einsehbar: eine **dApp**

Index	Term	Beschreibung
	Distributed Denial-of-service (DDoS)	eine Cyber-Attacke, die den üblichen Traffic eines Servers oder eines Netzwerks stört
	Derivative	Finanzinstrumente, die sich an einem Basiswert orientieren und dessen Wertentwicklung wiedergeben.
	Difficulty	die Komplexität, die erforderlich ist, um einen kryptographischen Algorithmus zu errechnen
F	Fiat	Auch: Fiat-Währung. Währungen, die durch Regierungen und Zentralbanken erschaffen und gesteuert werden
	Fork	Ein *hard fork* ist eine permanente Abweichung von der Blockchain, die ein neues Eigenleben entwickelt und nicht mehr von der ursprünglichen Blockchain akzeptiert wird. Ein *soft fork* ist ein rückwärtskompatibles Update für die Blockchain, das auch akzeptiert wird.
	Fungible	Die Eigenschaft eines Artikels, der austauschbare Einheiten hat. Zum Beispiel ist ein 1 US-Dollar-Schein mit einem anderen 1 US-Dollar-Schein austauschbar, also daher fungibel. Im Gegensatz dazu ist ein Konzertticket, das mit einem eindeutigen Namen und einer Platznummer versehen ist, nicht mit einem anderen

Index	Term	Beschreibung
		Ticket austauschbar und daher nicht fungibel.
G	Genesis Block	der erste Block einer Blockchain, der erschaffen wurde
H	Halving	das vorprogrammierte Ereignis, in dem die *Block Rewards* für die Miner halbiert werden
	Hashpower	die Leistung, die ein Computer benötigt, um das mathematische *Hashing* auszuführen und zu lösen, um einen Block erfolgreich zu minen
	Hashing Algorithm	eine kryptografische Hash-Funktion, die eine Zeichenkette mit fester Länge zurückgibt
K	Know-Your-Customer (KYC)	der Prozess, bei dem Benutzer (z. B. Kontoinhaber auf einer Kryptowährungsbörse) eine Identitätsüberprüfung durchführen müssen
L	Ledger	eine Aufzeichnung von finanziellen Transaktionen
M	Mint	der Prozess der Ausgabe von neuen *Coins* oder *Token*

Index	Term	Beschreibung
O	Oracle	*Oracles* sind Dienste, die Daten aus der realen Welt auf *Blockchains* und *Smart Contracts* bereitstellen.
	Orderbook	eine elektronische Liste von Kauf- und Verkaufsaufträgen
P	Peer-to-Peer (P2P)	ein Netzwerk, in dem jeder Knoten die gleiche Berechtigung hat, Daten zu validieren; es ermöglicht zwei Personen, direkt miteinander zu interagieren, ohne dass eine dritte Partei erforderlich ist
	Private Key	ein geheimer Schlüssel, der es dem Benutzer ermöglicht, Kryptowährungen in seiner *Wallet* auszugeben
	Protocol	ein programmiertes Regelwerk für die Übertragung von Daten zwischen Computern
	Proof-of-Work (PoW)	ein Konsensalgorithmus, bei dem ein *Block* durch Arbeit in Form von mathematischem *Hashing* validiert wird
S	Seed phrases	eine Gruppe von Wörtern, die den Zugriff auf *Wallets* ermöglichen
	Smart Contracts	digitale Verträge, die durch Programmiercode gestaltet und gesteuert sind

Index	Term	Beschreibung
T	Two-factor authentication	2-Faktor-Authentifizierung: der Einsatz eines weiteren Gerätes, um die Sicherheit zu erhöhen
	Tokens	eine Einheit eines digitalen Vermögenswerts, normalerweise *Coins*, die auf bestehenden Blockchains ausgegeben und verwendet werden
W	Wallet	eine Schnittstelle, die für die Speicherung von Kryptowährungen verwendet wird; sie ist normalerweise die Interaktionsbrücke zwischen einem Benutzer und der Blockchain

Stichwortverzeichnis